ユナイテッドアローズ
日本一お客様に喜ばれる
販売員の話

UNITED ARROWS LTD.

富島公彦

まえがき

忘れもしない、2011年3月11日の東日本大震災。震災の傷も癒えぬある日、ユナイテッドアローズ仙台店にお見えになったお客様がこうおっしゃいました。

「あなたの顔を見て洋服を選んでもらって、元気もらおうと思って来ちゃった!」

満面の笑顔でそのお客様は言うのです。

そのお客様は、震災で家を流されて大変な思いをされたそうです。

販売員は、どんなお見舞いの言葉をおかけしたらいいのだろう、どんなつらい思いをされたのだろうと、そのことに思いを馳せて一瞬さまざまな思いが廻りました。でも、お客様は笑顔で「あなたに元気をもらいたい!」と、そう言ってくださったのです。

その販売員はどんなにうれしかったことでしょう。元気をもらうなんてめっそうもない。どんなにその販売員はそのお客様に元気をもらったことか。そしてその話を聞いた私はどんなに誇らしかったか。

そのお客様はつらい日々に光がほしかったときに、ユナイテッドアローズの販売員の顔を思い出してくださった。ユナイテッドアローズの販売員はこんなに皆様に元気を与えているんだ！　と叫びたいような、そんな気持ちがしたのです。

また、その出来事はユナイテッドアローズ社にひとつの道を示してくれました。震災後は、ユナイテッドアローズ社として何かできることはないか、と会議で検討の毎日でした。義援金を募ったり、物資を届けたりしたあとで、何かユナイテッドアローズ社だけができることはないかと模索する、もどかしい思いが募る日々でした。そんなときに届いたその出来事の知らせ。

私たちが本当にやらなければならなかったことは、いち早くお店を再開し、お客様に笑顔を届けること。変わらぬユナイテッドアローズ社であり続け、お客様に夢を持っていただくこと。お店に来たときは日常を忘れて楽しんでいただき、いらっしゃったときよりも元気になってお帰りいただくことだったのです。

ファッションはその人の人生を彩り、生活を彩り、幸せを与えてくれます。

お店にいる間の切り取った時間だけではなく、お客様の人生の節々にご一緒させていただくこともあるのです。


そのお客様と初めて出会ったのは、初めてのデートで着る洋服をどうしようかと悩まれているときに、お声掛けをしたのがきっかけでした。なるべく彼女に好印象を与えるべく意気込んでユナイテッドアローズにご来店くださいました。そのお客様との物語はその瞬間に始まりました。大切な節目「ハレ」の日の装いをユナイテッドアローズと共に過ごしてくださった物語。

そしてそのお客様はその彼女と結婚することになりました。結婚式の2次会の服はもちろん一緒にコーディネートさせていただきました。

そして、お子さんが生まれて初宮参り、入園式、卒園式、入学式……。

二人が出会い、結婚をして、子供が生まれて、とお客様の大切な節目のひとときはいつもご来店いただいてコーディネートを共に悩んで。

たった一瞬の出会いもあるでしょう。でも、このように長い期間を経てもずっと信頼関係を持ち続け、お客様の心に寄り添い、お客様の「人生」の彩りのお手伝いをする。販売員とは、そんな仕事でもあるのです。

ただモノを売っているだけではない、お客様の人生に寄り添い、日常の生活に潤いを、そしてハレの場にふさわしいお手伝いをして幸せを与え続けている。

これがユナイテッドアローズ社の販売員たちです。

創業から「販売員の地位向上」「販売を一生の仕事にできる会社」を掲げて25年。

欧米では50歳60歳になっても立ち居振る舞いがカッコよく、専門知識を持って店頭に立ち続けている素敵な販売員を目にします。

しかし日本では、私がファッション業界に身を投じた29年前よりは少しはよくなったとはいえ、まだまだこの仕事の真の魅力が伝わっていないなぁと感じる日々です。

私がこの本を書こうと思ったのも、ファッション販売員の仕事の魅力をもっと知ってもらい、販売員の地位を向上し、確立して、若い人達が目指したくなるような、今よりももっと誇らしい仕事にしたいと思ったからです。

ファッションには不思議な力があります。ときには元気を、ときには安らぎを与えてくれる、そんな力。そしてそのファッションに関わる販売員の仕事。モノを買っていただき、お金をもらってまで、こんなにたくさん「ありがとう」と言っていただける仕事はそうありません。

この魅力をこの本では余すところなく皆さんにお伝えしたいと思っています。

カッコよくてオシャレでユメがあって。でも、そこで働く販売員はお客様に「シアワセ」になっていただきたいと、ときにはカッコ悪く、真剣に、愚直に悩みながら、へこみながら、真っすぐな道をうねりながら、それでもお客様の「ありがとう」に励まされて、もがいているぞという姿をお伝えしようと思います。その純粋な「お客様」への愛に敬意を表しつつ。

そんな愛すべき販売員のことを知っていただいて、もしあなたにその仲間に入りたい……

と思っていただけたら至上の幸せです。

（株）ユナイテッドアローズ　社是「店はお客様のためにある」

1989年10月　東京都渋谷区神宮前に、（株）ユナイテッドアローズを設立（資本金5000万円）重松理が代表取締役社長に就任

1990年7月　東京都渋谷区神宮前に、「ユナイテッドアローズ」第1号店である渋谷店がオープン

1992年10月　東京都渋谷区神宮前にフラッグシップ・ショップとして、「ユナイテッドアローズ原宿本店」がオープン

1999年7月　日本証券業協会（現ジャスダック）に株式を店頭登録

1999年9月　グリーンレーベル リラクシング事業の本格出店を開始

1999年12月　クロムハーツ事業の本格出店を開始

2002年3月　東京証券取引所　市場第二部に株式を上場

2003年3月　東京証券取引所　市場第一部銘柄に指定

2012年3月（創業時の目標である）連結売上高が初めて1000億円を達成、同経常利益が100億円を突破

2014年3月　連結で売上高1284億8900万円、同経常利益137億3900万円

創業以来右肩上がりに一度も前年売上を下回ることなく、伸び続けています。

目次

第3章

装丁——篠澤正行（メタ・マニエラ）

第1章

本当にある販売員とお客様との奇跡の信頼関係

ユナイテッドアローズの社名には、ひとつの目標に向かって直進する矢（ARROW）を束ねた（UNITED）もの、という意味が込められています。つまり、共通の理念（志）を目指して突き進む従業員ひとりひとりのあり方を「矢」にたとえたのが、「ユナイテッドアローズ」という社名の由来です。また、ユナイテッドアローズ社のマークは飛んでいく矢を後部から見たイメージと、「U」と「a」の頭文字を組み合わせることによって誕生しました。

ユナイテッドアローズ社の販売員は約3000人。そのひとりひとりに様々な物語があります。普段はひっそりとそれぞれの胸だけにしまっておかれる大切な物語も、時には脚光を浴びることがあります。それはユナイテッドアローズ社の『サンキューノート』（詳細は19ページ以降参照）。お客様からいただいた声をみんなで共有します。その内容は特に奇をてらったものではなく、ごく普通の気遣いから生まれたものです。けれどもお客様はわざわざお手紙やメールや電話をくださった。それは販売員がお客様に感動を与えたということにほかなりません。

お客様からのお手紙の一部をご紹介します。

「プレゼントをえらんだ帰り道〝気に入っていただけるといいですね〟と言ってくださ

り、とても気持ちよく買い物をすることができました」

「まだお座りのできない小さな赤ちゃんを連れてのお買い物で、大きなベビーカーを押して店内を歩くのは、他のお客様にもご迷惑をおかけし、何度も「すみません……」と言いながら歩いていましたが、お姉さんはベビーカーの前を歩いてくださり、〝すみません〟と言いながら、道を確保してくださいました。フィッティングの際にもベビーカーを一緒に入れてくださり、小さな子を持つ母としては、大変ありがたいお心遣いをしていただきました」

「幼いころから、自分で洋服を選ぶことのなかった私は、あなたと出会えてから確実におしゃれになっています。

最近は、その幅も広げてくださっているので装うことが楽しいです。そしてあなたとのおしゃべりも私には大切な時間です。

今日はそのことでありがとうと申し上げたくて手紙を書かせていただきました」

「仕事をやめようか悩んでいたときに、気晴らしに買い物をしにいきました。そのときに○○さんが接客してくれ、自分の話を聞いてくれ、共感してくれた後に〝では新しい服を着て気分だけでも明るく元気になってみませんか？〟という提案をしてくださり、結局買い物が終わるころには元気になっていました。

実際、あれから服を着るたびに、〝もうすこし仕事がんばってみよう！〟という気持ちに変化し、なにより、○○さんが選んでくれた御社の服を着るたびに気分が高まるのです」

「以前ここで買った靴を履いていくことを伝えると、色や特徴から商品を判別し、裏からわざわざ出してきてくれ、試着の際にも全体のイメージが掴みやすかったです。結局ジャケットとスカートを買ったのですが、彼女も非常に満足していました。

彼女の試着を待っているあいだ、私にも話しかけてくれて婦人服売り場で肩身の狭い思いをせずにすみました。こういうスタッフの方がいると本当に買い物をするのが楽しくなりますし、この店を選んでよかったと思います」

「言葉遣い、お気遣い、お見送り、今まで生きてきて様々な店の店員さんと接してきたなかで、最もすばらしい接客をしてくださいました。同じ商品を探すにしてもアローズさんで探そう、また足を運ぼうという気持ちにさせていただきました。

大変気持ちのいい接客をありがとうございました」

「試着をすすめられ、会話を交わすうちに、〝自分らしさ〟を持ち続けることの大切さを思い出させてもらい、購入を決意。ショッピングの楽しさと、ファッションを楽しむ気持ちを改めて、実感いたしました。ひとつ、心残りなのが、試着して、購入する間に時間が開いており、購入する際には、その女性スタッフがいらっしゃらなかったことです。試着した時間は昨日の午前11時過ぎでした。もし、可能であれば、その方にひとこと御礼の言葉をお伝えいただけないでしょうか？　〝気持ちよく買い物ができ、この冬の外出が楽しみになりました。ありがとうございます〟と」

「大変個人的なことですが、最近大失恋をしてしまい、とても疲れていて、大げさですが、心のなかに何も残っていないような毎日を過ごしていました。

自信をなくして取り残されたような気分で、クリスマスシーズンに外に出るのは心が痛くて辛かったのですが、○○店長との出会いは元気をいただけましたし、明るい気持ちになれました。

なにより、一生懸命接してくれることがすごくうれしかったです。

新しい恋がすぐできるかはわかりませんが『恋するレーベル』のコートを着て素敵な出会いに恵まれたらと思います」

「貴店には先般購入したスーツの裾直しを依頼しており、その受け取りに伺う際に、閉店間際の駆け込みに対応していただけるかと電話で問い合わせたところ、〝急ぐと危ないですから、ゆっくりいらしてください〟という旨の大変顧客を思いやった温かい対応に触れ、感激した次第です。

また、品を受け取る際に閉店時間が過ぎていたにもかかわらず、サイズ感を試してみてはと声をかけていただいたことにも貴店のサービス品質の高さを感じずにはいられませんでした。

それは私の気持ちが高揚していたからに他なりません。この場を借りて感謝御礼申し上げます。貴店の対応は誠に顧客を思いやる精神に基づくものと拝察致します」

ほんのひと言、お客様の心に響く言葉は、こんなふうにお客様の人生の大きな転機になることもあるのです。このようなちょっとした気づきと気遣いが販売の仕事の醍醐味であり喜びです。

ユナイテッドアローズ社の販売員は、モノのその向こうにある生活や、さらにはその方の人生などにも想いを馳せ、「気持ち、心」を添えて売っていると言ってもいいかもしれません。そこに販売員とお客様との奇跡の化学変化が起こります。感動が生まれます。得難いその体験は、お客様にとっても、販売員にとっても至上の喜びなのです。

『サンキューノート』はお客様からの感謝の手紙

感動の接客にマニュアルはありません。ユナイテッドアローズ社は、『サンキューノート』で、お客様にこのようにして差し上げたら喜んでくださった、という事例をみんなで共有しています。それはひとりひとりがほかのみんなのお手本になるということ。こうして積み重なった経験は、かけがえのない財産であり有益な情報の宝庫です。

『サンキューノート』とは、ユナイテッドアローズ社の全国の販売員がお客様にいただいた感謝のお手紙やメールなどを「お客様相談室」に集め、それを社内イントラネットに掲載して好事例を共有したものです。ちなみにこれとは反対に『クレームノート』もあります。お客様からいただいたお叱りやクレームについて、各店の店長が個人情報を抜いて社内のイントラネットに掲載し、同じ失敗を犯さないよう情報共有し対策を打っているものです。

この『サンキューノート』は、現在では数えられないほどの枚数になりました。この感動をみんなで分かち合うことで、ユナイテッドアローズ社のおもてなしはさらに高みへといざなわれます。

販売員ひとりひとりは、誰もが同じようには接客できません。その人の個性があって、感じるところは人それぞれです。おもてなしというのは、においも色もない、形にもならない繊細な要素がとても大切になりますが、ユナイテッドアローズ社の社是「店はお客様のためにある」を何よりも大切にしていれば、このような感動を与えるおもてなしは誰でもできることですし、日々やり続けていることでもあるのです。

みなさんはよい接客を受けて、その販売員に感謝の手紙を書いたことがありますか? 私は一度もありません。もちろんいいなぁと思う接客を受けたことはありますが、せいぜい友人や家族に話す程度。手紙まで書いたことがある方は少ないと思います。おそらく同じような素晴らしいサービスを続け、それに感動したお客様のなかの何百人にひとり、もしくは何千人にひとりがお手紙を書いてくださる、という程度でしょう。つまり感謝のお手紙をいただけるということは、何百人、何千人にこのようなサービスをし続けている結果なのです。毎日毎日、たくさんのお客様の接客している中でこれだけのクオリティを保つことは大変なことです。

そのクオリティをどのようにユナイテッドアローズ社の販売員たちは保っているのでしょ

うか。

「創業からずっと流れている「おもてなしの心」

ユナイテッドアローズ社では創業以来「おもてなしの心」を大切にしてきました。

重松理名誉会長が創業時に書いた「創業の志」の中にも、「日本の美意識をおもてなしの心で」というフレーズがありました。

また、初代『理念ブック』(詳細は第2章参照)に「真心と感謝」という一節があります。「真心と感謝」、「おもてなしの心を持て。感動を呼べ、感動を売れ。お客様の喜びが私たちの喜び。お客様を愛し、商品を愛せ。礼儀正しくマナーよくあれ。親切丁寧腰低くあれ。自然で明るく、フレンドリーな笑顔を持て。OPEN MIND(まずは一旦すべてを受け入れよ)、NO EXCUSE(言い訳するな)、THANK YOU FOR BEING THERE(今に感謝せよ)」

これらはユナイテッドアローズ社のお客様に対する姿勢を表している一節です。

このように、「おもてなし」という言葉は創業当時からあたりまえのように使われていました。

2013年9月に、滝川クリステルさんが東京オリンピック招致のスピーチで「お・も・て・

な・し」を日本のすばらしい文化として伝えて話題になりましたが、ユナイテッドアローズ社では、創業当時からこの「おもてなし」という日本のすばらしい考え方が根付いているのです。

ユナイテッドアローズ社の考える「おもてなし」は、お客様が百人いたら百通りあり、決まったカタチはない、ひとりひとりのお客様に対して、お客様の立場に立って期待以上のことをして差し上げることだ、と言われてきました。

社是にある「店はお客様のためにある」は、お客様のお役に立つ、お客様に得していただく、お客様の要求を満たす、そしてお客様に喜んでいただく、ということであり、それこそがこの「おもてなし」そのものだと言い続けてきたのです。

〓おもてなしとサービスの違い

では「おもてなし」とはどういうことでしょうか？

「おもてなし」の類似語で「サービス」、「ホスピタリティ」などがあります。

その違いには明確な定義はなく、諸説あります。

ユナイテッドアローズ社の『理念ブック』の一節に、

「サービスの原則（私たちの原則）」

お客様と私たちの立場は同格ではない
常にお客様が主で私たちが従である
そして
常に「店はお客様のためにある」という視点で
もし自分がお客様だったら
「ここまでされたら感動する」と思うことを誠心誠意実行し
「こんなことは絶対されたくない」と思うことは絶対してはならない
サービスとして只それだけのこと
そうしてそれが私たちの務め。

つまり、「サービスの原則」とは「お客様が常に正しい」というスタンスをどんな時でも優先するということです。私たちの仕事は単に店頭で商品を販売するのではなく、お買い上げいただいたお客様に喜んでいただいて、初めて完結するものであり、それが真の接客サービスに結びつくのです。

というものがあります。

当初、ユナイテッドアローズ社では「おもてなし」と「サービス」について明確に定義はしていませんでした。しかし、いろいろ調べていくと元来、「おもてなし」と「サービス」には違いがありそうだということがわかりました。

まず一番の違いは「サービス」は先の「サービスの原則」にもあるように、主従の関係にあることがあります。「サービス」の語源はラテン語の「ｓｅｒｖｕｓ（奴隷）」で、従者が主人に仕えることがそのはじまりと言われています。主人に何かして差し上げることで対価としてお金などをもらっていました。チップの習慣はその名残だと思われます。このことからも「サービス」とは主従の関係の上に成り立っていることがわかります。

一方で「おもてなし」とは、茶道で言われている主客一体の上に成り立っており、相手と自分を分けて考えず、互いが互いのことを考え、一体となって「おもてなし」の場を創り上げることを意味します。「おもてなし」する側も「おもてなし」される側もお互いに配慮があり、上下関係はないように見受けられます。

また、「サービス」とは見返り、対価を求めるものであり、「おもてなし」は見返りを求めません。このようなことからも日本において「サービス」と呼ばれているものは本来の「サービス」とは違い、元来日本にあった「おもてなし」の文化と融合し、日本独特の進化を遂げていると言っていいと思われます。

今ではその日本独自の「サービス」が「おもてなし」として海外でも認知されつつあり、クールジャパンのひとつとして世界に認められる素晴らしいものになりつつあります。

「おもてなし」は体系化できるのか？

ユナイテッドアローズ社では「おもてなし」の体系化に取り組み中です。

そもそも「おもてなし」は百人いたら百通り、マニュアルや体系化をするようなものではないというふうに言われていました。ところが数年前のある日、重松会長（現名誉会長）から「おもてなし」を体系化したいと思うんだけど、というお話をいただきました。重松会長自身も『「おもてなし』は体系化するようなものではないし、できないと思っていた。でも一度、やってみよう」ということでした。

ユナイテッドアローズ社の理念の実現のため、今後もユナイテッドアローズ社が「おもてなし」を大切にし、お客様に喜んでいただき続けていくために、またこれから海外に進出していくときに、外国人の販売員に日本のすばらしい文化である「おもてなし」をわかりやすく伝えて、本当の意味を理解してもらうためにも「おもてなし」の体系化は必要不可欠です。

また、日本人の美意識と精神性、品格のすばらしさは、東日本大震災のときに世界でも称賛されました。この日本のすばらしい部分である「おもてなし」を、「技術」として体系化することが重要であると考えたのです。

小売業、販売という仕事は、技術体系化できていないことが販売員の地位向上につながらない一因でもあります。小売業、販売の技術体系化をしてレベルを高め、業界全体、そして社会に貢献し、日本の「おもてなし」を海外にも広めていこうという想いが重松会長の真意でした。

こうして手さぐりで「おもてなし」の体系化プロジェクトは始まりました。

「おもてなし」とユナイテッドアローズ社の理念

体系化するにあたり、さまざまな資料や文献を調べていくうちに「おもてなし」とユナイテッドアローズ社の理念は共通点があることがわかってきました。

ユナイテッドアローズ社の理念には、「私たちの考える、新しい日本の生活文化の規範となる価値観とは、世界に通用するものであり、日本の文化、伝統と西洋文化の融合をもってその創造を目指します」という一文がありますが、そこで掲げられている「日本の文化」、その多くは、室町時代に確立した東山文化から来ているものに近いのだ、ということがわかってきました。

また、理念の説明にある文章に「私たちは、美を徹底して追い求めるとともに生産性、スピード、クオリティを極め続ける事を通じて、この目標を実現します」とありますが、ユナイテッドアローズ社で言う「美」とはなにかを突き詰めていくと、日本の究極の美、極限まで無駄を排除したシンプルさ、新しさの中に歴史や伝統を感じさせるものにたどり着きます。これを美しい、いいと思う感覚こそが、日本人が昔から持っている美意識、つまり東山文化の「わび・さび」です。これこそ重松会長が求めた「美」ではないか、そうしてこの東山文化こそ、茶道をはじめとした「おもてなし文化」ではないかと推測されます。

また、ユナイテッドアローズ社のサービスの原則にはこのような言葉があります。「もし自分がお客様だったら、ここまでされたら感動すると思うことを誠心誠意実行し、こんなことは絶対されたくないと思うことは絶対してはならない。サービスとは只それだけのこと、そしてそれが私たちの務め」。

あたりまえのことですが、このあたりまえのことがなかなか難しいのです。

東山文化で確立した茶道の流れを汲んだ茶人として有名な千利休が、同じことを言っています。それは「利休七則」というもので、この言葉は、千利休がある弟子から「茶の湯とはどのようなものですか」とたずねられたときの答えでした。そのとき弟子は「それくらいのことなら私もよく知っています」と言うと、利休は「もしこれができたら、私はあなたの弟子になりましょう」と言ったそうです。ひとつひとつを読むと、何か難しいことを言っているわけではありません。「あたりまえのことをあたりまえにする」、ただそれだけです。しかし、それが頭で考えるほど簡単なことではないから、茶道では「利休七則」と定められているのでしょう。ユナイテッドアローズ社で「サービスの原則」として倣うべき心得が「利休七則」に近いものがあると気づいたのです。以下、それを紹介していきます。

一「おもてなし」の極意が込められた利休七則

茶は服（ふく）のよきように、炭は湯の沸くように、夏は涼しく冬は暖かに、花は野にあるように、刻限は早めに、降らずとも雨の用意、相客に心せよ。

一、茶は服（ふく）のよきように——心をこめてお客様と一体になる——

「お茶はお客様の立場に立って心をこめて、おいしく点てましょう」という意味です。「服（ふく）のよきように」というのは、舌の先でおいしいと感じることだけでなく、お客様のために一生懸命に点てたお茶をお客様にその気持ちも一緒に味わっていただく、という主と客との心の一体感を意味しています。接客でも同様にお客様の立場に立って考え、一客一客心を込めることが大切です。

裏千家ホームページ「お茶の心ってなんだろう」
http://www.urasenke.or.jp/textb/kids/kokoro/kokoro.html より一部引用

二、炭は湯の沸くように——本質を見極めて周到に準備する——

炭に火をつけさえすれば必ずお湯が沸くとは限りません。湯がよく沸くように火をおこすには、上手な炭のつぎ方があります。しかし、そのつぎ方を形式だけのみこんだのでは火はつきません。本質をよく見極めることが大切です。お客様がいらっしゃったときに茶釜のお湯が沸騰していて、ちょうどいいようにそれが持続していなくてはいけない。それを行うのには、周到な用意と気の配りが必要だということです。接客でもお客様をお迎えする準備を周到に行うことが大切です。

三、夏は涼しく、冬は暖かに——季節感をもつ——

茶道では季節感を大事にし、表現します。夏ならば床に「涼一味」などのことばをかけたり、冬ならば蒸したての温かいお菓子を出すなど、自然の中に自分をとけこませるような工夫をします。店舗や販売員の服装、接客でもお客様が自然にイメージしやすいよう季節感を大切にすることはあたりまえですね。

四、花は野にあるように——いのちを尊ぶように、よさを伝えて付加価値をつける——

「花は自然に入れなさい」ということですが、「自然そのままに」再現するというのではなく、一輪の花に、野に咲く花の美しさと自然から与えられたいのちの尊さを盛りこもうとすることに真の意味があります。洋服も同じでよさを伝え、付加価値をつけていのちを吹き込むのは販売員の仕事なのです。

五、刻限は早めに―心にゆとりを持つ―

「時間にゆとりを持って早めに」ということですが、ゆとりとは時間を尊重することです。自分がゆったりした気持ちになるだけでなく、相手の時間を大切にすることにもなります。そのときはじめて、主と客が心を開いて向かいあうことができます。

これはすべてに通じますが、ゆとりを持って行動すると心に余裕を持ってあせらず物事に接することができます。お客様をお迎えする準備に余裕を持つ、そうするといろいろなものが見えてくるはずです。

六、降らずとも雨の用意―やわらかい心を持つ―

「どんなときにも落ちついて行動できる心の準備と実際の用意をいつもすること」が茶道をする人の心がけであることを言おうとしています。どんなときにも「適切に場に応じられる」自由で素直な心を持つことが大切です。接客で言うとお客様がどんな場合にも困らぬようにあらゆる場合を想定しておく心遣いが大切と置き換えられます。

七、相客に心せよ―たがいに尊重しあう―

「相客」というのは、いっしょに客になった人たちのことです。正客（しょうきゃく）の座にすわっている人も末客の席にいる人も、おたがいを尊重しあい、楽しいひとときを過ごすようにしなさいと利休は説いています。接客でいうと顧客様だけではなく、フリーのお客様にも同様に心配りをすることです。

あたりまえのことのようですが、これをきっちりおこない続けることは大変難しいことです。ユナイテッドアローズ社では「お客様に満足していただくことはとても難しい。お客様はいつでもなにかしらの不足感を抱いているわけだから」と言っています。つまりお客様の〝不〟を解消して差し上げることが大切なのです。これは「降らずとも雨の用意」、お客様の憂いという〝不〟を想定し、常に備えること、とまったく同じなのです。

準備を整える「用意」、不意の来客に対応する「卒意」

また、重松会長は「接客には用意と卒意が重要だ」と言います。

茶道には、前触れもなく、突然やってくる不意のお客様に対する「不時の茶事」というものがあります。十分な用意ができないので、もてなす側の力量が問われ、そうしたお客様が来ることがなくなった現在でも「不時の茶事」の稽古は繰り返し行われています。

ここから、あらかじめ日時の決まった茶会を前にした「ようい（用意）」と、不時の茶事に対応する「そつい（卒意）」という考え方が生まれました。

接客にも用意と卒意があり、卒意の対応こそ販売員の力量が試されます。

お急ぎの時の対応、突然のお客様のお申し出、お好みのお品物がなかったときの対応、商品に瑕疵《かし》があった時の対応等々です。

この卒意について、重松会長から聞いた話で印象的な話があります。これは重松会長が石川県で有名な旅館に泊まった時の話です。前日の夕飯でいただいた魚のノドグロがとてもおいしくとても気に入りました。ノドグロというのは赤ムツのことで、秋から冬にかけて脂が乗っておいしいものの、漁獲量が少なく関東の鮮魚店ではなかなか見かけない高級魚です。

重松会長は、お土産にノドグロを購入しようと翌日早起きして旅館の女将に教えてもらった朝市にでかけました。しかしあいにくその日は海が荒れて漁ができず、ノドグロは朝市に出ていなかったのです。重松会長が残念そうに宿に帰ると、女将が出迎えてくれ「ノドグロはいかがでしたか」と尋ねてきました。買えなかった話をすると女将は自分のことのように大変残念がってくれたそうです。その話には後日談があり、数日後、女将から獲れたてのノドグロが送られてきたそうです。頼んだわけでもないのにこのような対応に重松会長はとても感激したそうです。

もちろん全員にこのようなサービスをしているとは考えにくいですが、その時、その時でお客様の気持ちに寄り添い、不意に対応して自分のできる精一杯のことをして差し上げる。これが卒意の対応だと思います。ことの大小ではなく、ユナイテッドアローズ社でもこうしてお客様の気持ちに寄り添い、卒意の出来事に対応できることを大切にしています。

茶道から学ぶべき3つの要素

茶道では茶会は一期一会であり、人を招く時は、ふるまい（いかに客の満足を高めるか）、よそおい（着る物や器を含めた装い）、しつらい（庭園や茶室の準備）を考えます。一方、ユナイテッドアローズ社にはお客様価値の創造の三要素としてヒト（おもてなしの接客）・モノ（幅広い品ぞろえ）・ウツワ（快適で洗練された店舗環境）があります。小売業というのは、まず商品があって、その背景としてお店の環境やサービスがあります。この3つの要素を合わせて、お客様の満足を満たそうとしているわけです。これらを「ふるまい（振る舞い）」「よそおい（装い）」「しつらい（設い）」と解釈すれば、茶道から重松会長が多大な影響を受けていたことが、おもてなしの体系化を進める中で気づいてきました。

江戸文化に流れる「粋の美意識」

もうひとつ、ユナイテッドアローズ社に大きな影響を与えているのは文化・文政期（１８０４―１８３０）に花開いた江戸文化です。当時江戸の人口は１００万人を超えるようになり、町人文化が最盛期を迎えた江戸時代の後期、東京を中心に育まれた文化であると言えるでしょう。

化政（文化・文政）の江戸文化の特徴を一言で言うと「粋（いき）」という美意識。「江戸っ子」を自称するものが増えたのも、ちょうどこのころです。「粋（いき）」というのは、呼吸の「息」に通じ、体から外に吐き出すもの。ためこまずに削（そ）ぎ落とし自分を洗練させるという意味です。おしゃれにしても、スッピンを自慢し、着物の色数を減らし、無地を好むなど、どんどん引いていく、「マイナスの美学」だと言えます。

ユナイテッドアローズ社で言われている「カッコイイ器で、カッコイイ商品を、カッコイイ販売員が、腰低く売っているお店は気障（きざ）でよくない」、おしゃれだけど知ったかぶりしない、意識は高いけど腰が低い。知ったかぶりしたり、エラそうにするのはカッコ悪い、と、こういう考え方の根底にあるのは粋（いき）の美意識です。

「おもてなし」の体系化は現在進行形

「おもてなし」の定義のほかに、その技術についても「セールスマスター」と呼ばれるトップ販売員や各ブランドからおもてなしがすばらしいと推薦された販売員をアセスメント（評価、査定）して、その共通点や傾向をヒアリングしました。家族構成やその人の生い立ち、そしてお客様に対する考え方、お客様が入店してからの接客動作やその時に何を考えているかなど、ヒアリングは多岐にわたります。もちろん接客は百人いたら百通りですが、聞き取りを進めていくといくつかの共通点があることがわかりました。

ここで紹介した東山文化や江戸文化は、その共通点のひとつです。

こういった、概念から販売員の行動に至るまでの様々な検証をもとに、おもてなしの定義やおもてなしの技術体系化は今も続いており、マニュアルではなく、ひとりひとりの販売員がお客様に向き合うための考え方やヒントになり、受け継がれていくと思います。

おもてなしを実践する販売員たち

それでは実際におもてなしのすばらしいユナイテッドアローズ社の販売員を紹介しましょ

う。

ユナイテッドアローズ社には数々の逸話を持った伝説の販売員もいますが、私がご紹介したい販売員は本当にあたりまえのことをあたりまえにできている販売員です。なんだこのぐらいのことかと思われるかもしれませんが、このあたりまえのことを毎日続けることこそが、一番難しいのです。1回のパフォーマンスではなく、これこそが「おもてなし」の本質だと思うのです。

ユナイテッドアローズ　A店　Bさん

Bさんは、いつもスーツをビシッとカッコよく決めていて隙がありません。お客様の中にもBさんを崇拝してスタイリングを真似ている方が多いと聞いています。

ただカッコいい販売員はユナイテッドアローズ社にはたくさんいますが、Bさんのもうひとつの特徴は、長くお付き合いしている顧客様がとても多いということです。もともとは関西の店舗で働いていましたが、東京のザ ソブリンハウスで働きたいと異動を志願しました。ザ ソブリンハウスは、ユナイテッドアローズの中でも最高級のスーツを取り扱うメンズショップです。その最高峰の店で自分を磨きたいと志願しました。もともと関西でも顧客様の多かったBさんはみるみる頭角を現し、顧客様も増え、ユナイテッドアローズ社の販売スペシャリストの称号「セールスマスター」を与えられています。

Bさんの話では、顧客様になっていただく秘訣は「お客様のことを覚えていること」だと言います。一度接客したお客様が次に来店された時に覚えていて声をかけられるかが重要。あたりまえだと思う人も多いと思いますが、それを本気でやっているかがポイントです。ユナイテッドアローズ社は、ハウスカード会員様をはじめ顧客データが厳重に管理されています。当然お店からの持ち出しはできないのですが、Bさんは時間があるときは店舗でお客様の情報を覚えるそうです。もともと覚えることは得意だったそうですが、それだけではないのです。顧客様に承諾をいただいてお買い上げいただいた洋服の写真を撮らせていただき、すべて保存しています。その情報は膨大で過去何年分も蓄積しているそうです。

すごいのはそれだけではありません、個人別に仕分けされたデータを空き時間にiPadで見て、ご購入いただいたものを覚え、それを踏まえて「お客様には次に何を着ていただくと喜んでいただけるか?」を想像するというのです。暇さえあればこれをやっているのだと言います。また、お買上げいただいたお客様にそのコーディネート写真をメールでお送りします、と申し出る。そうすればメールアドレスも聞きやすいし、お客様にも喜んでもらえるそうです。

また、接客の仕方もほかの販売員とは違い、きっちり対応したいという思いからBさんの顧客様は自然と事前にご連絡をいただく予約制になっているそうです。ご来店いただく前には、前述の「想像」からお客様にご提案するお品物は、事前にすべてコーディネートされバックルームに準備されています。あとはご来店いただいたお客様にご提案するだけです。Bさんは昨年、一昨年とご購入いただいたお客様のお洋服をすべて記憶しているので、

「このジャケットには、昨年ご購入いただいた、あのパンツを合わせるとまた違った楽しみ方ができますよ」

などと、お客様も忘れていた過去のお洋服との組み合わせもご提案します。それはまるでお客様のクローゼットをすべて把握しているかのよう。「数年前にご購入されたあのパンツ、まだお持ちでしたら流行りのシルエットにお直ししましょう」など、ご提案は多岐にわたります。

これにはお客様も感激して、洋服はBさんに見立ててもらおうとなってしまいます。

また、Bさんは絶対に押し売りはしないと決めています。必要ないと思われるものはお薦めしないし、似合わないものは似合わないとはっきり言って差し上げています。

ご来店もシーズンの立ち上がり、シーズンの中頃、セールと、1シーズン3回くらいでい

いとご提案しているそうです。お客様が買いすぎないようにという配慮からです。これも長く顧客様と信頼関係を築く大きな要素だと言います。

一度でもお客様に不信感を抱かせてしまうとお客様は離反してしまいます。Bさんは一時的な売上より、お客様と長くいい関係を続けることを考えているそうです。

もうひとつBさんの凄いところは顧客様を囲い込みません。同じ店舗のメンバーに紹介し、みんなと親しくなってもらいます。これは顧客様にとって居心地のいい環境にするためだと言います。みんなが顔見知りで、親しく挨拶してくれる店のほうがお客様はうれしいに決まっていると言います。

顧客様とは親しくお付き合いしており、お食事などをご一緒する仲の方もいらっしゃいますが、店内ではプロとして一線を引いています。接客のプロとしての言葉づかいや、立ち居振る舞いにはとても気を遣っています。

異業種のレストラン、ホテルなどでよいサービスを自分で受けてみて、接客に取り入れたり、本を読んで常に研究し接客レベルの向上を図っているそうです。お客様はセンスがある人から買いたいと思っているはずと、ファッションも常に研究し、いつもオシャレでいることを心掛けています。お客様から、自分のスタイリングを真似したいと常に言われる存在でありたい、というBさんを後輩の販売員も目指すべきお手本としています。

それはまさにプロフェッショナルと呼ぶにふさわしい人だと思います。

ビューティ&ユース　ユナイテッドアローズ　C店　Dさん

Dさんはいつも笑顔でニコニコしていて、不機嫌な顔を見たことがありません。「セールスマスター制度」ができてからずっと、「セールスマスター」に認定されています。また、「東矢グランプリ」という社内の接客ロールプレイング大会（詳細は第5章参照）でも2回もビューティ&ユース事業代表として出場。「ルミネスト」大会（「ルミネ」の全販売員を対象とした接客ロールプレイング大会）でも入賞しています。

まさにユナイテッドアローズ社を代表する販売員と言えるでしょう。周りの仲間の販売員からも、「Dさんほどお客様のためを考えて、なおかつ接客を楽しんでいる人はいないね」と言われています。

Dさんが言うには、「自分は悩みがないタイプで、失敗しても反省はするが引きずらない。ただ接客が大好きなのだ」とのこと。

C店はユナイテッドアローズ社の中でも一番の繁忙店で、お客様のご来店も多く、ひとりのお客様に接する時間は制約ができてしまいます。しかも、たくさんのお客様をお相手するため、夕方には正直疲れ切ってしまう販売員も多い中、接客にムラがなくいつもお客様に全力投球という印象なのです。

Dさんに接客のポイントを聞いてみると「お客様にどうして差し上げたら喜んでいただけるか」をひたすら考え、「そのために私が何をすべきか」を常に考えているということです。

そのためにはまず、お客様をしっかり見ること、接客行動のウォッチングをしっかりすることだと言います。

まず「ご来店いただきありがとうございます」という感謝の気持ちを込めて、目を合わせて、挨拶することが一番大切です。気持ちを込めて挨拶しお客様を知りたいと思うと、その反応やお客様の店内の行動から、何を期待されてご来店になっているのかが見え、お客様像を想像することができるそうです。そうしながらお客様にとって気持ちのいいお声掛けのタイミングを見計らいます。お客様が今までとは違った動きをした時がそのタイミングで、想像したお客様像に合わせて適切なお声掛けをします。お客様の背景や性格はそれぞれ違い、感じるポイントが違うので、たわいもない話から距離感を徐々に縮めて、お客様の背景を知ることでお客様のニーズを的確に把握し、そのお客様に最適なご提案をします。

Dさんはこのご提案がとても的確で、それがお客様からの信頼につながります。

お客様の背景を知るための会話は、お客様のテンションに合わせることが重要です。お客様が悩んでいる時はともに悩み、喜んでいる時はともに喜ぶ、つまり時間を共有すること、そうしてお客様と目を合わせてお話しすると、同じ目線になり、お客様の感じていることや考えていることが自然にわかってくるのです。

お客様はたくさんヒントを発信してくれます。それに気づくか気づかないかが重要です。あとはタイミングを逃さないことも大切です。

Dさんは笑顔でこう言います。

「このお客様は最初で最後になるかもしれない。今ここでこのひとりのお客様になにをして差し上げるかを必死に考える。お客様を知ろうとする。ご来店いただいたことに感謝する。これが本当に重要なんです」

常に全力でお客様のためを思うことは、「言うは易し、行うは難し」です。けれども、それをDさんは常に笑顔で体現しています。

Dさんと一緒に働いているスタッフは口をそろえて、お店に立っているあいだ、お客様のことを考えていない時間はない、と言います。繁忙店で、ひっきりなしにお客様がいらっしゃるお店ですが、損得ではなくお客様のことを必死に考えているDさんの姿を見て、お客様だけではなくスタッフみんなも元気づけられています。

そんなDさんの周りはいつも明るい笑顔にあふれていて、私もDさんのお客様になりたいと思うと同時に、心底こんなすばらしい販売員の地位向上のために役立ちたいと思うのでした。

＝アナザーエディション　E店　Fさん

Fさんはアナザーエディションの洋服が大好きで入社をして、その魅力をお客様にお伝えしたいという気持ちで接客をしていたそうです。

Fさんが心がけているのはアナザーエディションに付加価値をつけることでした。

「このお洋服のよさをお伝えできるのは私たちしかいない。私たちの伝え方によってお洋服がもっと輝くし、よさがよりお客様に届くようになると思うんですね。お客様が見ただけではわからない商品のよさを考えるようにして、よりよさがわかってもらえるような伝え方をしようと意識しています」

プロの販売員は、お客様の気づかない洋服のよさやコーディネート、お客様に似合う着こなしなどをきっちりお伝えします。そうしてFさんから買いたい、というお客様がアナザーエディションのファンとして、Fさんのファンとしてご来店くださっています。

Fさんは入社してすぐにお店で様々な役割を任されるうちに頭角を現し、みるみるうちに店長になりました。このままマネジメントの道を進む選択肢もあったのですが、ユナイテッドアローズ社が創業より目指している「一生販売員」という言葉が彼女のなかで引っかかっていて、自分が先頭に立って一生販売員を目指そうと決意しました。そうして「セールスマスター」に認定されました。それは自然な流れだったそうです。

Fさんは言います。

「接客の仕事は10年くらいになりますが、時代の変化とともにお客様も変化しています。これがいいと思っていたことがお客様にとってそうではなかったりっていうのがあったりして、まだまだ対応力が不足しているなって感じることがあります。今はセールスマスターとして接客に集中してやりたいことをやらせていただいていますが、店長などいろいろな経験を経て店頭に立つと、同じ景色でも今までとは違うものがたくさん見えました」と。

そこからFさんは「やはりお店が原点なんだ」と気づいたのです。

近年は、インターネットでの販売も台頭してきて、お客様の購買行動は大きく変化してきています。オムニチャネル（実店舗とネット販売を統合すること）を考えるうえでも、Fさんのように常にお客様とトコトン向き合い、時代の変化によるお客様の変化を敏感に感じ取り、時代に合わせて接客方法を進化させることがとても大事なことになると思います。

ネット販売が進化したことによる最大の変化は、情報をあらかじめ収集したうえで、目的の商品をあらかじめ決めているお客様が増えたことです。そうした変化に対して柔軟に対応する力は、普段からの努力なしでは成し得ないのです。

そして「好きこそものの上手なれ」と言いますが、お客様、ブランドや洋服を好きであるということは「おもてなし」への一番のパワーにつながるのです。Fさんを見ているとそう思えるのです。

ドゥロワー　G店　Hさん

Hさんはユナイテッドアローズ社に入社して販売員から店長になり、VMD（ヴィジュアル・マーチャンダイジング＝売りやすく買いやすい陳列棚をつくること、またそのコーディネーター）、MD（マーチャンダイジング＝効果的な販売成績をあげるために生産や仕入れを計画すること、またそのコーディネーター）を経験して自ら店舗に戻り、お客様と接したいと現在はドゥロワーの店長をしながら接客をしています。Hさんは入社したころから接客が好きで、「一日中お客様と楽しそうにお話ししているね」と先輩に言われるくらいだったそうです。好きな洋服についてお客様とお話ができるというだけで、モチベーションが上がったそうです。

「お客様のためにシンプルに行なっていればちゃんと評価してくれる。正しいことをしていれば評価をしてくれるユナイテッドアローズ社は私にとってすごくいい環境だったと思います。お客様のためにおもてなしをすることだけを考えていれば、その先につながるので」

また、周りの環境にも恵まれていたと言います。

「新人のころから先輩たちは、お客様に笑顔でいてほしいっておっしゃっていたので、それをただ愚直にやってました。そして、そのことでお客様が増え、売上につながり自分に返ってくるというのが実感できていました」

たまには躓くこともあったが、そんな時に何を一番大事にして、何をやるべきかということに立ち返ってシンプルに考えると自然と道は開けてきたそうです。


新人のころは思い描いていたことと会社の理念が一致していて、本当に接客を楽しむことができ、周りの人もお客様のために一生懸命でとてもいい環境だったと言います。

ユナイテッドアローズ社創業メンバーのひとり、栗野宏文さん（上級顧問）がドゥロワーG店に立ち寄った時に、「あれがお店のあるべき姿だ」と言ったことがあったそうです。「あれがお店のあるべき姿だ」の言葉の意味は、スタッフが楽しく働いていて、お客様も心から買い物を楽しんでいて、その雰囲気がお店を包んでいてお店すべてがいい空気感で出来上がっているというそんな意味だったのでしょう。それは、最大級の賛辞の意味で言ったのだとわかります。

Hさんは「自分の接客がお店の雰囲気づくりにつながるのが体験からわかった」と言います。そういった行動を続けたからこその賛辞であったと思います。

Hさんを見ていると本当にお客様が好きで、接客が好きで、本当にお店を楽しい空間にしたいという純粋な気持ちが伝わってきます。難しく考えずに自分もお客様も楽しむ、主客一体こそが「おもてなし」なのだと確信できます。

「おもてなしの接客」ができる人とは

これまで見てきたように、「おもてなしの接客」ができる人とは、まずはお客様に興味がある人です。お客様つまり、人に興味があることが大切です。

そうしてお客様に関心を向け、観察し、些細な行動を察知して何かを感じ取り、お客様像を想像できる人です。このお客様の行動から察知するというのができるかできないかが一番のポイントだと思われます。接客のヘタな販売員はこのお客様の出している「サイン」を見逃していると言えます。

次にお客様の立場に立って考えられる人です。

お客様の立場に立って、お客様の背景を理解したうえで、もしこのお客様が自分の親友や家族だったら何をして差し上げたいか？　と考えられる人です。親友や家族を家に招いて心底喜んでもらいたいと思い、何ができるか必死に考えることです。

そうして初めて、お客様の望むモノを、お客様の望むタイミングと状況で、お客様の望む方法もしくはお客様の望む以上の方法で心をこめてご提供できる人ということです。そうすることによって「そこまでやってくれるのか」とお客様に感動していただけるおもてなしにつながるのです。

しかもこれは1回だけではありません。疲れているから今回はいいやとか、今日はひとり喜んでいただいたからこれでおしまいということはありません。どんなお客様にも、いつでも全力でおもてなしをし続けるのです。ですから販売員という仕事は、突き詰めていくと接客技術だけではなく、自分の気持ちのコントロールやお客様の気持ちを察する力など様々な要素がすべてそろわないと完成しない高度な仕事と言えるでしょう。

ユナイテッドアローズ 横浜店

ユナイテッドアローズ 原宿本店 メンズ館

第2章

創業時は仕事場の空気そのものが理念でした

「創業の志」

ユナイテッドアローズ社は1989年に、ほんの9名で船出しました。創業時に全員でミーティングを行った際、重松社長（当時・現名誉会長）が「創業の志」と書かれた紙を配布しました。手書きのその紙には当時の重松社長の「ユナイテッドアローズ船出の意志」が確固たるものとして語られていました。

次に紹介する文章はその志の抜粋です。

「我々は商品開発及び環境開発を通じ、生活、文化、社会を高度化することで社会に貢献することを目的とする」

「THE STANDARD OF JAPANESE STYLE

我々は事業を通して日本の生活、文化における規範となる価値観（正しい）を確立、訴求することを目的とする」

「我々は世界的な広い視野で適選、適産された商品の提供と真の心地よさを追及した施設空間、環境の提供と高度に完成されたスタッフ、サービスで常に次代の快適さを提供することを目的とする」

「我々は常に売っていただく、買っていただくという感謝の精神を忘れることなく企業はそこにかかわる人々が幸せになるための手段と考え、高度な生産性とそれに見合う高度な幸せを確立することを目的とする」

1号店を渋谷に出店してほどなく、原宿本店をはじめいくつかの店が出店され始めましたが、そのころはまだ少人数だったため、重松社長はじめ役員が、各店舗で「創業の志」を口頭で伝えていました。その志に賛同するスタッフは一丸となり、夢に向かって一生懸命進んでいた創業期でした。

当時の重松社長の志は社員全員の志と重なり、その想いは空気のように店を包んでいました。

二 ユナイテッドアローズは誰のためにある

ユナイテッドアローズ社の社是である「店はお客様のためにある」は、実は創業の志には出てきません。「お客様こそが答えを持っている、お客様満足を追求すれば必ず売上はついてくる」とは言い続けていましたが、後日、重松社長と岩城哲哉専務（当時）が『ファッション販売』等を出版している「商業界」のパーティーに行った際、お土産でいただいた色紙に「店は客のためにある」という、「商業界」創業者のひとりで主幹だった倉本長治氏の言葉が書いてあり、これに心打たれ、これはと思い掲げたそうです。

重松社長はこの言葉をとても大事にしていて、お客様こそが答えを持っている、お客様満足を追求すれば必ず売上はついてくる、と今でも言い続けています。

創業してしばらくして、ある会合で幹部社員のひとりが「実は私、お客様のことなんてあんまり考えてないんだよね」と冗談交じりで話したところ、横で聞いていた重松社長が珍しく激怒し、みんなの前でコンコンとお客様の大切さを話し続けたそうです。

言われた本人はもちろん、その場にいたその他の社員にも「店はお客様のためにある」という言葉の重みと意味が深く刻み込まれたエピソードのひとつです。この出来事は今でも語り継がれ、ユナイテッドアローズ社の社是として、全社員が一番腑に落ちる言葉となりました。

今考えると、あの温厚な重松社長が激怒し、みんなの前で幹部社員に語ったのは、ユナイテッドアローズ社が、何を大切にすべきなのかをみんなに伝えるためのいい機会だと思ってのことかもしれません。ユナイテッドアローズ社にとってこの社是は、すべての根幹であり、道しるべでもあります。「お客様のため」ということを忘れずにいれば、道はそこへ通じて迷うことなく進めるのです。

重松社長は、創業社長としては異色のマネジメントスタイルをとる人だなと感じていました。社長時代の重松氏は、経営会議での発言はあまり多くなかった記憶があります。私の勝手なイメージですが、「創業社長」というものは事細かに口を出す人が多いというイメージがあります。けれども、重松社長はほとんど意見を言わずに、他の役員や執行役員が議論しているのをいつも静かに見守っている感じです。

時には忙しくてお昼が食べられなかったのか、ひとりで愛妻弁当をおいしそうに食べながら話を聞いていることもありました。このスタイルは最初私には不思議に映りましたが、理念から外れそうになったり、議論が詰まったりしたときにおもむろに口を開き、的確に意見をおっしゃる。だからひと言に重みがあるし、いつも的確でした。「お客様のため」という軸がぶれない限り、仏の顔です。また、社員の話もよく聞いて、まるで子供たちをやさしく見つめる父親のようです。社員が社長にメールして自分の意見を直接伝えるという文化もありまえにありました。

重松社長は会長になるとき、こうおっしゃっていました。

「私の役割は、理念の浸透と危機感の醸成です」

重松社長は業績がよくなってみんなが浮き足立ってくると、商品やサービスに対して必ず警鐘を鳴らすのです。このタイミングはまったくもって絶妙でした。けれども、普段はよっぽどのことがないと物静かに見守っている。

それは理想的なトップマネジメントだと私は心から尊敬しています。

『理念ブック』はユナイテッドアローズ社のバイブルです

『理念ブック』とは、ユナイテッドアローズ社の理念が記された冊子のことです。ユナイテッドアローズ社の社員はこの『理念ブック』を唯一無二のバイブルとしています。

ユナイテッドアローズ社では毎年社員意識調査を実施していますが、その中でも一番社員のポイントが高いのが「理念への共感度」です。10年以上調査している中で、常にほぼ全社員が理念に共感すると答えています。この数字はいかに理念が社員に浸透しているかを如実に表していると思います。

10年前、初めてこの「社員意識調査」を行った際、ご協力いただいた外部の方に、「こんなに理念共感度の高い会社は見たことがない」と言わしめた数字であったそうです。２０１４年に創業25周年を迎え、社員数約3500人を有する企業となっても、いまだに理念がこれほどまでに浸透しているのには理由があります。

どのようにして理念が浸透し続けているのか。共感され続けているのか。そのきっかけは『理念ブック』の作成にありました。

初代『理念ブック』

初代の『理念ブック』は2001年に初めてつくられました。当時、新しい事業のグリーンレーベル リラクシングやクロムハーツなどができ、店舗数、社員数も増えていました。今までは創業役員が近くにいて各社員へと語り続けていましたが、店舗も北海道から九州まで広がり、常に役員が気を配ることは難しくなっていました。また、ユナイテッドアローズ以外の事業が増えて、理念自体の解釈が難しくなる可能性も出てきました。

このほころびをもう一度点検し、改めて理念を確固たる道として継承し続ける方法はないかと考えたとき、その答えのひとつが、『理念ブック』でした。

「理念」とは、DNAのように次世代へと受け継がれていかねばならない。

当時できたばかりの経営戦略部部長であった東浩之さん（現取締役常務執行役員）によって『理念ブック』は発案されました。そして『理念ブック』の作成にあたり、ふたつのプロジェクトチームが組まれました。

ひとつは役員を中心とするプロジェクト、もうひとつは若手社員を中心とするプロジェクト「21世紀のUA委員会」です。

役員を中心としたプロジェクトでは、改めてユナイテッドアローズ社を自覚することを目的に、社内や外部の方、取引先様に「あなたから見たユナイテッドアローズ社は?」、「ユナイテッドアローズ社らしいと思うことは?」、「ユナイテッドアローズ社に期待することは?」というテーマでインタビューしたビデオを全員で見て共有し、ユナイテッドアローズ社らしさやユナイテッドアローズ社に期待されていることについて議論しました。

ビデオを見た当時の役員たちは、改めて自分たちの存在価値や意義を再確認し、新しいユナイテッドアローズ社のための理念が社員の血となり肉となり、毛細血管の隅々までいきわたるようにしなくてはならない、ということを確信しました。

━ そのタイトルは「遺言状」

また、役員プロジェクトの中で、全役員に「もしも突然退任することになったら、どんなことを社員の皆さん、次期経営者へ伝えたいですか」というテーマでメッセージを書いてもらい、それをもとにユナイテッドアローズ社に残し続けたいことについて討議をしました。

当時の重松社長はこれをもとに、もし自分がいなくなっても、揺らぐことなく社員全員に理念を浸透させ、ユナイテッドアローズ社を永遠に存続させていくという強い想いを込めてメッセージを書き上げました。


一方、若手社員を中心とするプロジェクト「21世紀のUA委員会」は、全社員に告知され、社内公募で選ばれました。当初15名程度で考えていたのですが、応募者が多く21名の参加となりました。現状のユナイテッドアローズ社の問題点、ユナイテッドアローズ社らしさとは、ユナイテッドアローズ社は将来こうありたい、こんなことをやりたい、などのテーマで大切にしたいこと、将来のあるべき姿などを議論しました。

このチームの目的は、意見の取りまとめではなく、常々思っていることを出していく、そしてそれを役員たちにフィードバックし、若手社員と役員との距離を縮め若手社員の声を反映した討議がなされることでした。

なぜならばこのプロジェクトは、社員ひとりひとりが自分の頭で考える創造的な組織になるために必要なプロセスだと考えられていたからなのです。

二 このふたつのプロジェクトを通じて

創業の志を変わることなく受け継ぐべく明文化した理念が出来上がり、それをわかりやすく解説する『理念ブック』ができました。

私たちは、新しい「日本の生活・文化の規範」（THE STANDARDS OF JAPANESE STYLE）となる価値観を創造し続ける集団です。

これがユナイテッドアローズの理念です。キャッチコピーは社員から募集した、「MAKE YOUR REAL STYLE」になりました。

理念のほかにも、
UAルール「店はお客様のためにある」
UAスピリッツ
プロフェッショナリズム

など、理念体系がつくられました。

創業当初から使われてきた「進化する老舗の創造」という言葉は重松社長が好きな「創造的破壊」という意味で使われてきたのですが、ビジネスを拡大し、より広い層のお客様に洋服を提供したいと思っているのに、老舗という言葉がコアな洋服好きのお客様だけに向けた商売だと誤解する社員が増えたため、ユナイテッドアローズ事業だけに当てはまる言葉として使うことになりました。

初代『理念ブック』には、理念のほかにも創業時に書かれた「創業の志」や、重松社長をはじめ役員からの熱い想いがメッセージとして載せられています。

また、初代の『理念ブック』にはいろいろな逸話が書いてあります。

「ヘルプで入ってもらった時にめったに売れない超高額品が売れた、子供のような素直な気持ちでこれ買っておいたほうがいいよって勧めるなど多くの社員が認める名物販売員の話」

「結婚式のためにお買い上げいただいた商品が、通常の配送システムを利用していては間に合わないとわかったときに、自ら商品を持って北海道までお届けした話」

「店が綺麗すぎて泥棒もあっけにとられて何も取りたくなくなるまで清掃しろと5Sの大切さを説いた水野谷常務の話」

などなど、読みものとしても楽しくためになる話がたくさんありました。

また、お客様からの感謝のお手紙も掲載して共有しています。これが現在の『サンキューノート』のもとになっています。

このような話は理念を具体化する行動の指針として全社員に示し、浸透を図ってきました。また、『理念ブック』だけでなく、社長をはじめ役員が全国の店舗を巡回し、理念浸透のためのミーティングを盛んに開きました。この巡回を「理念巡回」と言い、その後もたびたび行われています。


私が『理念ブック』を初めて見たのは、ユナイテッドアローズ社の入社面接のときでした。入社するのは企業理念に共感できる会社だと決めていたので、役員との面接では必ず企業理念について質問していたのですが、ユナイテッドアローズ社の面接のときは、当時人事部長だった水野谷弘一常務取締役が、この『理念ブック』を出して、熱っぽく理念について語ってくれたのです。

就職活動ではいくつかの会社で理念についての説明をしていただきましたが、理念について書かれた本まで取り出して説明してくれたのはユナイテッドアローズ社だけでした。しかも内容がユニークで、熱い。いかにユナイテッドアローズ社が「理念」というものを大切にし

当時、全社員・アルバイトに配布された『初代 理念ブック』

ているかがひと目でわかるものでした。そして、役員の想いやいろいろな逸話が盛り込まれ、ついつい面接を忘れて熱中し、読みふけってしまったのを今でも思い出します。

最初はこの『理念ブック』の効果について、経営陣も半信半疑だったかもしれません。けれども、この『理念ブック』をつくり上げる一連の行動が、のちにユナイテッドアローズ社が理念を浸透し続けるビジョナリーカンパニーになっていくきっかけになったことは間違いないと思います。実際に社員が困難にぶち当たった時に、この『理念ブック』を何度も読み返して原点に戻って克服したという話を何人からも聞きました。

この本は当時のアルバイトを含む全社員500名弱にひとり一冊ずつ配布されました。新入社員には社外秘の大切な本として、入社日に全員に渡されています。

アルバイトの入店研修でも『理念ブック』を使って、ユナイテッドアローズ社の目指す姿のベクトル合わせを行いました。これが「理念研修」として定着し、すべての入社者が必修で受講する研修になっています。この後、出店を続け、多くの新しい仲間が入社するようになっても「店はお客様のためにある」というお客様第一主義は、ユナイテッドアローズ社に深く根付いたのです。

こうして『理念ブック』は理念を浸透させるだけではなく、社員の精神的支柱へと成熟していきました。

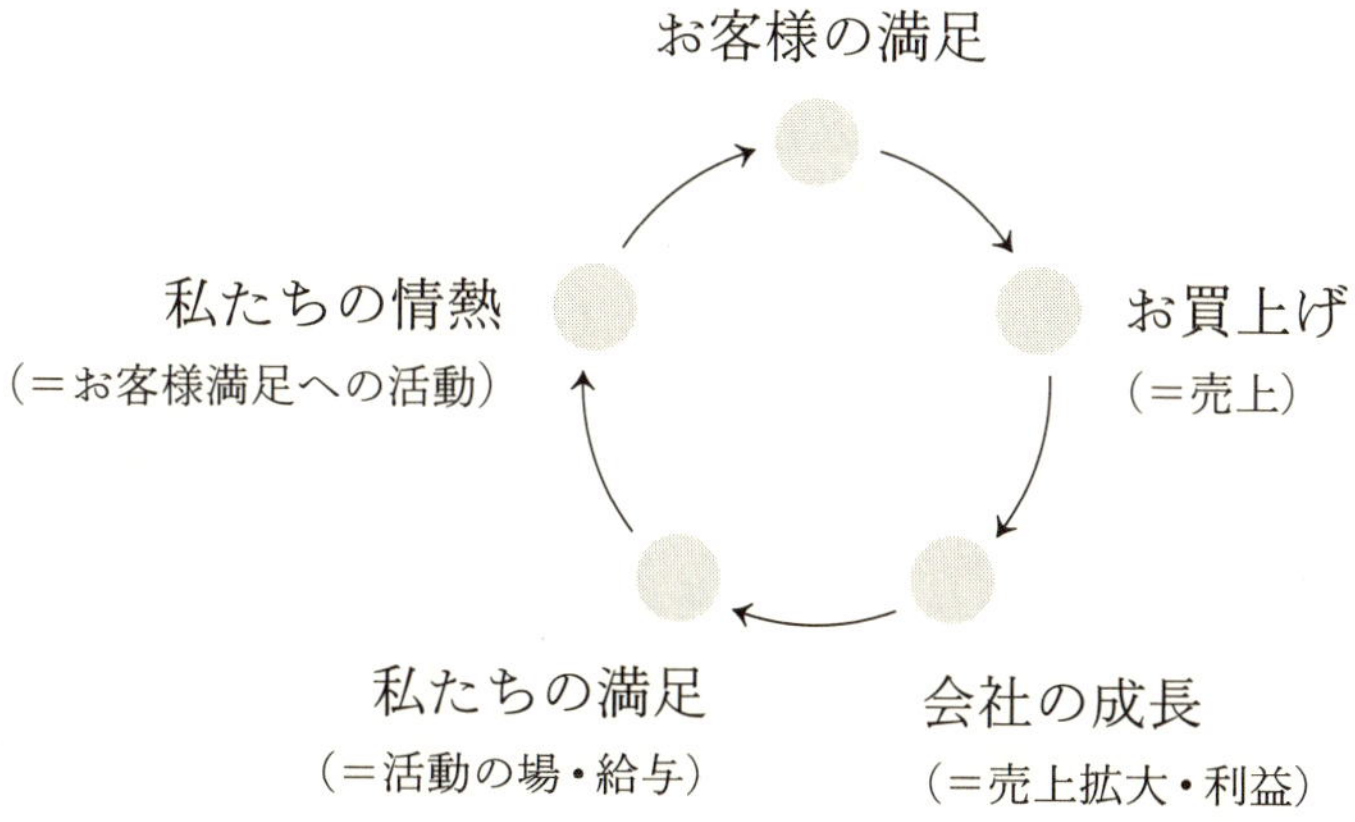

MYRSサイクル図

＝2代目『理念ブック』

第1回『理念ブック』改訂プロジェクトは、初代刊行から4年後の2005年に行われました。「CS（顧客満足）マインド」は醸成されたけれど、「商売マインド」はCSマインドと反するのではないか？ という疑問が社員の中から生まれてきたこともあり、商売マインドとCSマインドの関係性をMYRSサイクル（MAKE YOUR REAL STYLE）で説明しています。

第1回『理念ブック』改訂は主に商売マインドとCSマインドの関係

性について浸透することを大きな目的としていました。

＝「優良企業であるよりも」

当時のユナイテッドアローズ社は念願の東証一部上場を果たし、大企業として認知されつつあり、従業員の間にも達成感と同時に驕りが燻ぶりつつある状況だったと思います。

2代目『理念ブック』には、当時の代表取締役社長に就任した岩城哲哉社長から、「商店宣言」というメッセージが寄せられました。

商店宣言
優良企業（エクセレントカンパニー）であるよりも不滅の商店でありたい。

「正しきに依りて滅ぶる店あらば滅びてもよし断じて滅びず」（※花王石鹸の元常務取締役で『商業界』創刊に参画した新保民八氏の言葉）という標語が私は大好きです。商売とは、「ひたすらお客様の要望にお応えする」という正しい姿勢を貫いていれば、結果は必ずついてくるものだと信じていますし、ＵＡグループはこの姿勢を貫く「商店」であるべきだと思っています。

私たちは今、次のような考え方を、再度思い起こすべきではないかと改めて強く感じています。

「我々が作りたいのは優良企業ではない、不滅の商店である」
「我々が行っているのは事業ではない、正しい商売である」
「我々は会社員ではない、創造的な商人である」

大企業になりつつあるユナイテッドアローズ社に警鐘を鳴らし、お客様のために正しい商売をし続ける一商店であり続けよう。私たちは会社員ではない、創造的な商人であり続けようというメッセージは社内外ともに大きな反響を呼びました。それは改めて社員全員が立ち戻って考えなければならなかったメッセージでした。

ご近所の商店にあふれる喜び

当時の常務取締役の栗野宏文さんからのメッセージは、一見あまり商売っ気がなさそうで心配になるけれど、お客様に対する細やかな心遣いゆえに確実な顧客を得ている近所の八百屋さんや肉屋さんの話で、身近でとても納得する話でした。

「イヤー奥さん、この牛は、モノはよいんだけどちょっとアブラの部分が多いから、こっちの安い方にしといたほうがカラダにいいよ」と言われた老婦人の納得ぶりが面白かった。単なる日常の買い物が、これほど多彩な楽しさや教えに満ちたものであることに感動し、なんだか大袈裟でなく「生きていてよかったなぁ」と呟く自分がいる。こんな「ご近所のちゃんとした八百屋さんや肉屋さん」こそがユナイテッドアローズ社の目指す姿であり、これこそがリテールビジネスの根源であると信じています。

岩城社長の商店宣言をわかりやすく、そしてユナイテッドアローズ社のあるべき姿を指し示したメッセージでした。

実はこの話は続編が掲載されています。

「この近所のちゃんとした八百屋さんや肉屋さんがお客様に喜ばれ、売上、利益が上がり別の場所に新しく2号店を出店しました」

ユナイテッドアローズ社が考えたその続きのお話は、わざわざ遠くから来ていただいていたお客様の近所にお店ができたことにより、更にお客様に喜んでいただけたというように、商売マインドを発揮して売上や利益を出すことがCS（顧客満足）マインドと反することではなく、回りまわってお客様満足につながっていくということです。

この話でCSマインドと商売マインドは相反するものでなく、MYRSサイクルもわかりやすく説明されたと思っています。

これと同時に理念体系に人財開発理念として「創造的商人」が加えられました。

こうして2代目『理念ブック』はCSマインドと商売マインド両方の大切さを再確認し、大企業化しつつあるユナイテッドアローズ社への警鐘や原点回帰を促すものとなりました。

3代目『理念ブック』

現在の『理念ブック』は3代目になります。2012年に竹田光広新社長と新しい経営陣によって見直され、発信されました。

重松会長が竹田社長をはじめとする新経営陣に理念の継承を十分に行ったうえで、もう一度今の時代に合うのか、理念について考えてみてはどうか、と提案したことから始まった改訂プロジェクトです。

本来、理念というのは時代によって変わることのない企業を設立・継続するうえでの本質的な目的です。企業が存在し続ける(ゴーイング・コンサーン)かぎり、追求し続けるべき究極の目標、あらゆるステークホルダーに対する宣言であり、約束でもあります。安易に理念を変更したり、理念に反する活動をすることはステークホルダーに対する背信行為と言えるでしょう。

そういった理念を、その根幹であるマインドを変えることなく、時代に即した改訂を行い、社員がわかりやすい表現を常に追求していこうという考えで第2回改定は行われました。

第2回改定プロジェクトがスタートしたのは2011年でした。参加者は当時の重松会長を除く取締役と執行役員全員でした。

5か月に及ぶ理念プロジェクトの結果、新しい理念が誕生しました。

その過程では様々な議論がなされました。たとえば、経営理念について、世界に進出することも視野にあるなかで「日本の」生活文化という言葉をそのまま残していいのか、という意見がありました。けれども「ユナイテッドアローズ社は日本の文化、日本の美意識を大切にしたい」との理由で「日本」を残すことになります。

また、社是「店はお客様のためにある」。これはユナイテッドアローズ社の根幹をなす考え方だけれども、EC(エレクトリックコマース=電子商取引)やテレビ通販等、将来的なチャネルを考えて、それでも「店で」でいいのか、との意見もありました。

これもユナイテッドアローズ社のこだわりとして「店」を意識し続け、たとえ店舗のないビジネスという分野においてもそれはすべて「店」、お客様につながっている、としてそのまま残すことになりました。

これらが議論されたのは、「ユナイテッドアローズ社が成長し続けるなかにあっても、創業当時の重松理会長の想いの大切な部分は変えてはならない」という考えが、竹田新社長をはじめとした経営陣に浸透していたからなのです。
その際、創業時に行ったことと同様に、ユナイテッドアローズ社の10年後を見据えてグループ理念、次代のキーワード出しを行いました。

ライフスタイル　お客様　小売業　ホスピタリティ　店はお客様のためにある
進化する老舗　答えは常にお店にある　時代対応変化適応
高感度、品質(クオリティ)　高感度専門店
トラッドマインド　カスタマーファースト(顧客第一主義)　店頭第一主義
日本　増収増益(最高益)　高い生産性　高い報酬
イメージアップと拡販の正しいバランス
世界　ヨーロッパのエスプリとアメリカのシステム　専門十貨店
商売マインド　CSマインド
グローバルチャレンジ　クリエイティビティ
Wellness(病気をしない幸せで健康な状態)
社会貢献　お客様の問題解決こそが価値創造

高付加価値　チャネル開発　マーケット創造　正しいサービス

理念浸透策を検討していくなかで、今までの『理念ブック』の問題点として、CSマインドと商売マインドは醸成されたけれど、もうひとつの軸である「クリエイティブな表現」が乏しいという声が出てきました。

そこで、今回はCSマインド、商売マインドに加え、クリエイティブの重要性を表現できるものをつくろうということになり、初めて外部の、ユナイテッドアローズ社に思い入れのある、ゆかりの深いクリエーターの皆様を加えて『理念ブック』の制作に取り掛かりました。

議論のなかでクリエイティビティの話になると必ず出てくるキーワードがありました。それは「ユナイテッドアローズ社らしさ」という言葉です。

そもそも企業におけるこの「〇〇らしさ」は、極めてあいまいな言葉です。

何年も在籍していて、正直今更「ユナイテッドアローズ社らしさってなんですか」とは聞けないし、自分ではこれだろうと思っていても、確信を持って「これです」と言える人はごく少ないと思います。

そんなことをプロジェクトチーム内で腹を割って話しているうちに、「社員が3000人いたら3000通りの『ユナイテッドアローズ社らしさ』があってもいいのではないか、そもそも、その集合体が本当のユナイテッドアローズ社らしさかもしれないだろう」という意見が出始め、ユナイテッドアローズという会社をひとつの国として、その国民の意識調査、つまりユナイテッドアローズ国の「国勢調査」を行ったらどうか、という提案があったのが「第1回ユナイテッドアローズ国勢調査」の始まりでした。

国勢調査は全32問をすべて記述式で行い、Webアンケート形式で行いました。全部答えるのに早くても1時間半程度かかる内容で、じっくり考えながら書くと3時間はかかるボリュームでした。当時の社員全員約3000名に行い、結果ほぼ全社員が回答。この回答率の高さはプロジェクトチームの予想を超えるものでした。それだけユナイテッドアローズ社の社員の理念に対する関心の高さがうかがえるエピソードだと思います。

そのアンケートと同時に「ユナイテッドアローズ社らしい写真を送ってほしい」と呼び掛けたところ、それぞれ想いのこもった膨大な量の写真が寄せられました。

この国勢調査の結果を受け、『理念ブック』は三部作にすることが決定しました。

1. 理念そのものが書かれた『VISION』
2. 社員からの声、つまり国勢調査の結果を詰め込んだ『VOICE』

3．ユナイテッドアローズ社らしい写真を集めた写真集『ＶＩＳＵＡＬ』『ＶＩＳＩＯＮ』を読んで、ユナイテッドアローズ社の理念を頭に叩き込んだとしても、時には壁にぶつかり、迷い、悩むことがあるかもしれません。そんな時は『ＶＯＩＣＥ』を、そして『ＶＩＳＵＡＬ』をめくってください。全国の社員のみなさん、ひとりひとりの声や写真の中に、きっと解決の糸口がみつかることでしょう。

というメッセージとともに、全社員に配布されました。

一『ＶＩＳＩＯＮ』

ユナイテッドアローズは、「経営理念」を日々の活動の志としています。

この「経営理念」を実現するために必要な要素を示したものが理念体系です。それはユナイテッドアローズが目指す道であり、創業時から今に至るまで、変わらず抱いているユナイテッドアローズの価値観そのものです。

経営理念

私たちは、世界に通用する新しい日本の生活文化の規範となる価値観を創造し続けます。

私たちの考える、新しい日本の生活文化の規範となる価値観とは、世界に通用するもので

3代目理念ブック。左から『VISION』、『VOICE 2012』、『VISUAL 2012』

あり、日本の文化、伝統と西洋文化の融合をもってその創造を目指します。
私たちは、
ヒト　－　高度に完成された接客・サービス
モノ　－　世界的な広い視野で適産、適選された商品
ウツワ　－　真の心地よさを追求した施設・空間・環境
が、三位一体となった次代の快適さを提供することで、新しい日本の生活文化の規範となる価値観を訴求し続けます。
私たちは、「美」を徹底して追い求めるとともに、「生産性」「スピード」「クオリティ」を極め続ける事を通じて、この目標を実現します。
私たちが新しい日本の生活文化の規範となるためには、限られたお客様に支持されるような、狭い範囲に限定したビジネスを行うのではなく、規模を追求し且つ成長し続けることも使命と考え、行動しなければなりません。

私たちは、以上のような共通の目的で結ばれた強い意志と高い意識をもった、光り輝く集団を目指します。

社是

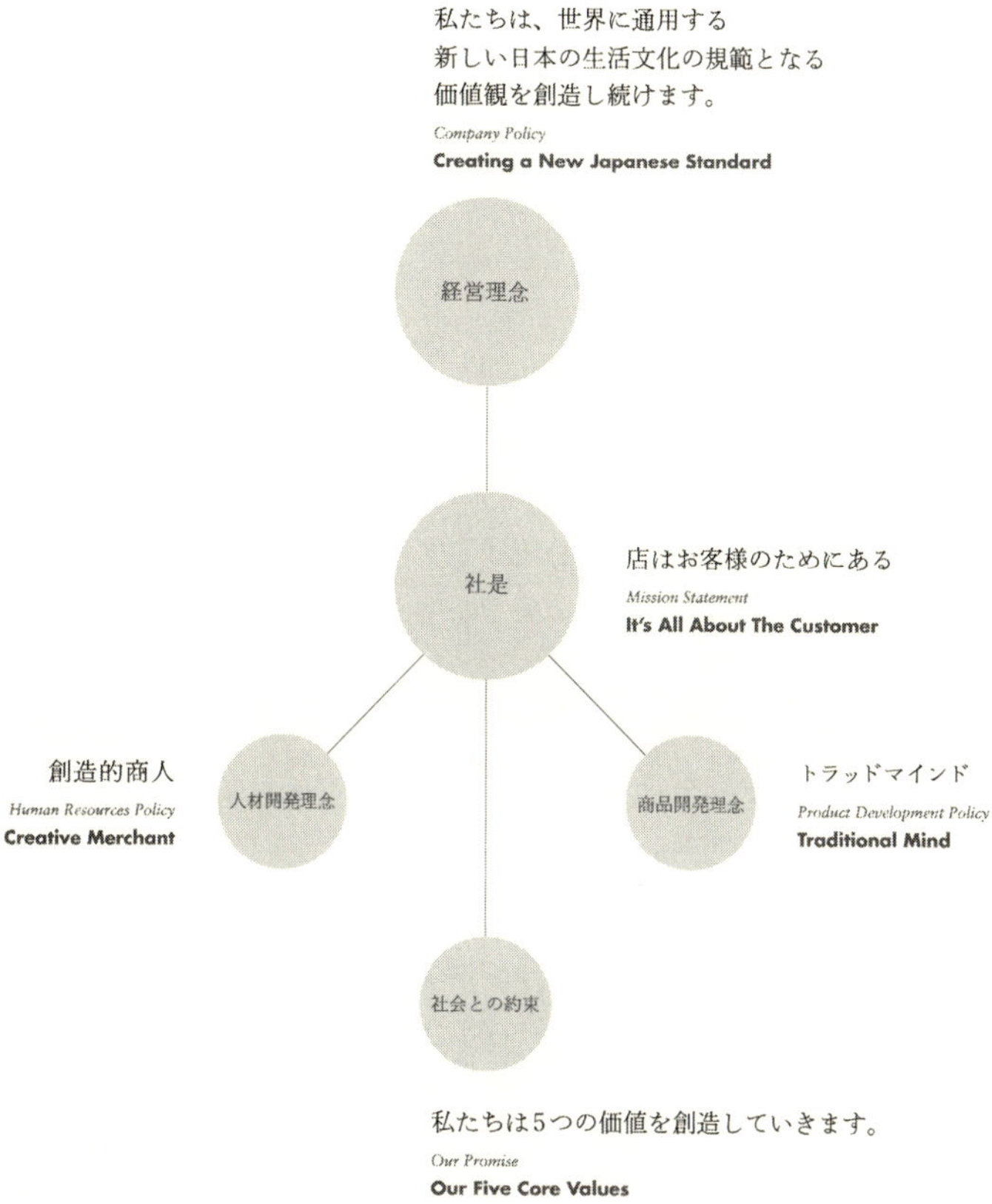
私たちは、世界に通用する
新しい日本の生活文化の規範となる
価値観を創造し続けます。
Company Policy
Creating a New Japanese Standard
経営理念
社是
店はお客様のためにある
Mission Statement
It's All About The Customer
創造的商人
Human Resources Policy
Creative Merchant
人材開発理念
商品開発理念
トラッドマインド
Product Development Policy
Traditional Mind
社会との約束
私たちは5つの価値を創造していきます。
Our Promise
Our Five Core Values

ユナイテッドアローズ理念体系図

「店はお客様のためにある」

商売をする上で当たり前のことですが、

「お客様のお役に立つ」

「お客様に得していただく」

「お客様の要求を満たす」

ために邁進し、

「お客様に喜んでいただく」ことこそが、ユナイテッドアローズの根幹をなす考えであり、私たちの基本姿勢でなければなりません。

ただひたすらお客様にサービスすることが、ユナイテッドアローズのつとめです。正しいサービスを行うことによってのみ、その対価として正しい報酬をいただくことができる。つまり、「お客様に喜んでいただくこと」が、私たちの喜びにつながるのです。

人材開発理念

「創造的商人」

私たちユナイテッドアローズの理想とする創造的商人とは、CSマインドと商売マインド、クリエイティビティマインドを併せもち、何かひとつの分野での専門性をもちつつ幅広い分野に精通している人です。

ＣＳマインド、商売マインド、クリエイティビティマインドは、私たちが身につけ、育て、強くしていくべき大切なマインドです。さらに、３つのマインドはそれぞれが矛盾し、相反するものではなく、常に私たちの中に同居し、融合しながら、日々の活動に新しい答えを導くものです。

商品開発理念

「トラッドマインド」

商品開発理念としてユナイテッドアローズで使われる〝トラッドマインド〟という言葉は、「歴史と伝統をリスペクトする。そこに革新性を加えることで、新たな伝統を作っていく」という意味を持ち、ユナイテッドアローズで働く全員が持つべき心構えです。

革新の積み重ねにしか進化はありません。伝統は革新の積み重ねの上にしか成し遂げられないのです。昔のよさを継続して伝えるだけでは、伝承にしかならないからです。

また、私たちは商品を選び、創りだす時には、クリエイティビティを継続して発揮することで、オリジナリティで差別化します。

社会との約束

「私たちは、5つの価値を創造していきます」

ユナイテッドアローズは、お客様、従業員、取引先様、社会、株主様、という5つの異なる立場の方々（＝ステークホルダー）に支えられています。

私たちの仕事は、お客様価値、従業員価値、取引先様価値、社会価値、株主様価値、以上5つのステークホルダーにとっての価値をバランスよく高めるものでなければなりません。なかでも、私たちが最も大切にすべきなのは「お客様価値の創造」です。

他の4つの価値を等しく高めることがお客様価値の向上につながり、お客様価値の創造が達成されて初めて、他の4つの価値が意味をなす、というのがユナイテッドアローズの考え方です

三　ほぼ全社員が回答したユナイテッドアローズ国勢調査

『VOICE』には「第1回ユナイテッドアローズ国勢調査」で実施した質問のうち、左記の質問内容が掲載されています。

Q1．あなたがユナイテッドアローズに入社した理由を教えてください
Q2．あなたが働いていて、一番成長したと思うことを教えてください
Q3．あなたが働いているなかで、一番の喜びはなんですか
Q4．あなたが働いているなかで、一番の悩みはなんですか
Q5．あなたが好きなユナイテッドアローズ社の社員は誰ですか（その理由は？）
Q6．あなたのユナイテッドアローズ社での目標、夢があれば教えてください
Q7．あなたが買ったユナイテッドアローズの商品で一番好きだったものは何ですか
Q8．自分だけの仕事のノウハウがありましたら、教えてください
Q9．あなたにとってユナイテッドアローズ社の好きなところはどこですか
Q10．あなたにとってユナイテッドアローズ社の嫌いなところはどこですか
Q11．あなたが好きなユナイテッドアローズらしい具体的な場所（箇所）を教えてください
Q12．あなたが最近、ユナイテッドアローズ社が行った試みで良かったと思うものを教えてください
Q13．同業他社と比べて、ユナイテッドアローズが優れている部分を教えてください
Q14．あなたが思う〝ユナイテッドアローズらしさ〟は、具体的にどこに表れていると思いますか
Q15．創業以来ユナイテッドアローズに受け継がれているものがあるとするとなんですか

Q16. 創業以来ユナイテッドアローズに変わったこと、モノなどがあるとするとなんですか
Q17. あなたにとって、重松理（創業者）はどういう存在ですか
Q18. 今後、ユナイテッドアローズ社はどのようになっていけばいいと思いますか

当時の社員全員に行い、結果ほぼ全社員が回答したユナイテッドアローズ国勢調査。この回答率の高さにはプロジェクトチームも感動し、何とかこの社員の声を活かしていきたいと思いました。けれども、予想以上の回答数で莫大な量になってしまいました。そこで質問を18問に絞り、なるべく多くの話を載せる努力をしました。それでも本の厚さは『VOICE』だけで2・5センチにもなってしまいました。

後日、ある社員から「寝る前に枕元で読んでいます」という話を聞き、プロジェクトチームの一員としてとてもうれしく思ったのを思い出しました。そうやって使ってほしいという使い方そのものだったからです。

二『VISUAL』

前述のユナイテッドアローズ国勢調査と同時に「ユナイテッドアローズ社らしい写真を

送ってほしい」と呼び掛けたところ、それぞれ想いのこもった膨大な数の写真が寄せられました。その写真を集めたものが『VISUAL』であり、今のユナイテッドアローズ社を写し出した姿です。

写真はユナイテッドアローズの象徴である原宿本店の写真や、自分の所属するブランドを象徴する商品、仲間を大切にするユナイテッドアローズ社らしい仲間とレクリエーションを楽しむ写真など様々なものが掲載されています。

これらの写真を見ることで、自分なりに「ユナイテッドアローズ社らしさとはなにか」をそれぞれが考えてほしい、という狙いがありました。

定期的に改訂すること自体が「理念」の浸透に役立つ

このように、今でもユナイテッドアローズ社では「理念」の浸透のためにいろいろな施策がとられています。入社時に「理念研修」が行われ、北は北海道、南は沖縄までのアルバイトを含め、全国から参加しています。

昇格試験時にも「理念」テストが行われ、一定の点数を取らないと昇格できません。もちろん「理念を丸暗記して何になるのか」という意見もありますが、後輩を指導する立場になるときに、正確に理念を覚えていない人から、いくら理念の重要性を熱く話されたとしても心には刺さらないと思うのです。

また、今回の『理念ブック』改定に伴い、お客様と直接接点が少ない本部社員に向けて、もう一度理念を見つめなおす機会として、本部社員向け理念研修が行われました。これは1年かけて全社員が受講しています。

特に、社是である「店はお客様のためにある」において、「本部社員にとってのお客様は誰なのか」ということにフォーカスを当てて議論しました。もちろんお店にいらっしゃるお客様、そして店舗のメンバー、取引先様、株主様など、「お客様」と呼べるような対象はたくさんいますが、では商談の際、「お客様」である取引先の方をお待たせするような失礼な対応をしていないか、横柄な言動をしていないか、無理難題や理不尽な要望はしていないかなど、WIN×WINな関係が築けるように、自分たちで議論し行動に結びつけるように決意しました。

こうして全社で行う理念浸透策、自部署で日々行う理念浸透策、そしてなによりこうして数年に一度、『理念ブック』を改定するプロセスそのものが、全社員で自分たちの理念を見つめなおし、継承し浸透させていくのに役立っているのです。またこのプロセスにいかに多くの社員が関わるかが自ら主体となれる理念の伝承者、体現者になるきっかけになっています。

そのことは、実際に理念を改訂したり、『理念ブック』をつくることよりも重要だと思います。

もし、この本を読まれた方々が、自社の理念をつくろうとする場合は、社長や一部の経営陣で決めてしまうのではなく、ぜひ多くの社員を巻き込み、その過程でそれぞれの社員自身を理念の伝承者、そして体現者にしていってください。

次世代経営者への理念継承塾

２０１０年、重松社長（現名誉会長）は次期経営者にバトンを渡すために、次期経営者育成教育を進め、そのひとつとして理念の継承と経営追体験を目的とした「次世代経営者への理念継承塾」を開きました。２０１０年5月から6回に分けて、それぞれ半日程度、（重松社長がかつて勤務していた）ビームス時代から、ユナイテッドアローズ社創業時、黒字転換期など時代を区切って歴史を振り返り、その時代の流れや、どのような出来事が起きて、どのように考えて経営判断したのかなどを理念と照らし合わせて検証し、口述で重松社長が次期経営者候補に伝えるものでした。

ここで簡単に、ユナイテッドアローズ社を創業した重松理氏について述べておきます。

重松理氏は１９４９年12月に逗子に生まれました。

重松氏が10歳の時、8歳年上の姉がベビーシッターをしていた米軍将校のホームパーティに招かれた際、アメリカの生活文化に触れファッションに目覚めます。

それ以来ファッション一筋で、ある時、先輩の紹介で現「ビームス」の設楽洋社長の父である故設楽悦三会長にアメリカンカジュアルショップの企画を持ち込み、セレクトショップ「ビームス」を立ち上げます。

当時「ミウラ&サンズ(現シップス)」で働いていた岩城哲哉氏(元ユナイテッドアローズ社長)、水野谷弘一氏(元ユナイテッドアローズ常務)、栗野宏文氏(元ユナイテッドアローズ常務)らとともに次々に出店し、ビームスはあっという間に大成功していきます。

そんななか、重松氏は洋服だけではなく、業態を生活文化全体に広げたいと考えます。しかし設楽会長はそれには反対でした。「洋服の事業に集中するべきだ」と考えていたのです。

重松氏は事業を生活文化全般に広げたい気持ちをどうしても抑えきれず、ビームスを出て、株式会社ワールドの資本提供を受け、ユナイテッドアローズを立ち上げる決意をしました。

「ユナイテッドアローズの街をつくりたいと思っていた。でも街をつくるなんてそんなに簡単ではなかったんだよね。だからまだできてないなぁ」

と以前重松氏は笑顔で話してくれました。

そうしてユナイテッドアローズの1号店が渋谷の明治通り沿いにオープンしました。

しかし、当初は「重松さんが面白い店を始めたぞ」と業界で話題になったものの、なかなか売上にはつながらなかったそうです。でも自分たちの信念を曲げず、「どうすればお客様に喜んでいただけるか」を考え抜いたそうです。

そんな重松社長をワールドの畑崎廣敏社長（当時）は「彼らの人柄のよさ、感覚の鋭さから見て、必ずうまくいく」と自信を持って温かく見守ってくれたそうです。ワールドの担当役員であった永田喜則専務（元ユナイテッドアローズ会長）も「自分たちの好きなようにやれ」とサポートしてくれたそうです。私もワールド出身なので畑崎社長、永田専務には大変お世話になりましたが、男気がありフレンドリーなお人柄で本当にすばらしい方々です。そういう意味でもユナイテッドアローズ社は運のいい会社だと言えるかもしれません。

けれども、それは重松会長の信念、企業理念に周りの人々が心打たれたからこそ周りの人々が動いたのだと思います。

このような話を毎回、重松さんの口からしていただき、それに対してざっくばらんに質問しながら、理念の背景や経営判断について伝えてもらいました。

それは当時の重松理氏が、創業時から心に持していた何事にもブレない理念、自分の言葉でしか言い尽くせない想いを、すべて次期経営陣にゆだねるための濃密で大切な時間であったと思います。

重松社長はこのようにして理念を次期経営者に時間をかけて丁寧に継承したのです。

二 判断に迷ったとき、思い出すのは？

以前経営会議でこんなことがありました。

ある店舗が、急遽退店しなければならなくなりました、あわてて別の出店場所を探しましたが、急なことでなかなかいい条件の場所が見つかりません。

退店時期も迫り、あまり条件のよくなかった場所に出店するか、それとも撤退するかで会議は紛糾しました。そこで重松社長がひと言、

「それってお客様のためになるのかという視点で考えてる？　もしこの地域で一度お店を畳むなら、今ご来店いただいているお客様はどうなってしまうの？　一度でもお客様を裏切るのなら、この地域には二度とお店は出せないから……」

と言いました。私をはじめ会議に出ていたみんなが、ハッと我に返りました。つまり、出店をしなければ、今までご来店いただいていたお客様は行くお店がなくなってしまう。それはお客様の不満足につながり、ご迷惑をかけてしまう。

自分たちにとっての条件のよしあしだけで考え、お客様のことを考えていなかったことへの戒めの言葉でした。重松社長のいつもブレない、理念中心、お客様のため、という考え方に感激するとともに、私は自分が恥ずかしく思えました。

販売員から経営陣まで理念に基づきブレない判断ができる。あたりまえと言えばあたりまえかもしれませんがなかなか徹底できないものです。

このように全社で理念が浸透しているから店頭の販売スタッフも安心してお客様に全力で向き合える環境になっているのだと思います。

こうして創業役員が全員取締役から退いた今でもユナイテッドアローズ社の理念は継承されています。それは、全社員が理念の実現と体現に向けて常に行動を起こし続けているからにほかなりません。

お客様に喜んでいただくことがユナイテッドアローズ社の社員としてのつとめであり、そのために高度に完成された接客、サービスを提供するという理念はこのように浸透し、だからこそ「お客様のため」の行動がごく自然と行えるようになるのです。ユナイテッドアローズ社の接客は、染み渡った理念のうえに成り立つおもてなしなのです。

重松理氏
©山本倫子

UNITED ARROWS LTD.

ユナイテッドアローズ社の企業ロゴ

接客ロールプレイング大会
「東矢グランプリ」(2014年大会)

第3章

ユナイテッドアローズ社の採用

同じバスに乗る仲間を選ぶって？

私はユナイテッドアローズ社を退職するまでの12年間、社員採用と販売員教育に携わってきました。前職を含めると約20年間、一緒に働く仲間を選び、販売員として成長するためのお手伝いをさせていただいてきたことになります。

本章ではそうした採用や研修の場面で私が気づいたこと、学んだことを紹介していきます。

「事業は人なり」という松下幸之助氏の有名な言葉があるように、会社にとって人とはとても重要な要素です。そのなかでも入口である採用はとても大切です。ご存じのように、正規社員は一度採用してしまえばそう簡単に辞めてもらうことはできません。それだけに私は仲間選びについて慎重にならなければいけないと思っています。

採用とは、同じバスに乗る仲間を選ぶことです。

つまり、理念（価値観）に共感し、ユナイテッドアローズ社という長距離バスに乗り、人生をともに旅する仲間を選ぶということです。

「まず初めに適切な人をバスに乗せ、不適切な人をバスから降ろし、その後に行き先を決める」。これは大ベストセラーとなったビジネス書『ビジョナリーカンパニー2　飛躍の法則』(ジェームズ・C・コリンズ著、日経BP社刊)で指摘された、卓越した優良企業に共通する組織のありかたです。

ここでいう「バスに乗る人」とはつまり、ユナイテッドアローズ社の理念に共感し一緒にお客様のために頑張る、と決意した人のことを指します。

最初からバスに乗る気のない人(=理念を実現するつもりのない人)を採用し意見を主張されても、それは周囲の人にとってはとても迷惑です。バスの行き先、すなわち戦略や戦術を決めるのは、あくまでも理念に共感した仲間だけに限られるべきと考えます。

私は採用する側として、ユナイテッドアローズ社の理念である「私たちは、世界に通用する新しい、日本の生活文化の規範となる価値観を創造し続けます」に共感し、社是「店はお客様のためにある」、「お客様のお役に立つ」、「お客様に得していただく」、「お客様の要求を満たす」ために邁進し、「お客様に喜んでいただく」という強い想いのある人を、同じユナイテッドアローズ社という長距離バスに乗る仲間として迎え入れたいと考えていました。

そのためには絶対妥協はできません。どんなに優れた能力や専門知識を持っていたとしても、理念に共感できない人は採用してはいけないのです。もちろん入社後にユナイテッドアローズ社の理念に深く共感するということもあるかもしれませんが、根っこの価値観が違うと溝が埋まることはなかなかないと私は思っています。

実際にユナイテッドアローズ社でも会社が急拡大していくなか、違う価値観を受け入れるという理由づけで、専門分野のスキルを持っているものの、理念にはあまり共感できていない人を採用したことがありました。けれども、社内でみんなが振り回されたあげくに早々に辞めてしまいました。能力がある人だけに、会社にとって負の力を発揮した時は問題になることもあると感じた出来事でした。

個性的な人や異なる価値観を持つ人を受け入れることは大切です。しかしそれはあくまで「根幹のベクトルは同じ」という前提があったうえでの話です。もちろん多様な人がいる組織のほうが強いのですが、ベクトルは同じ方向に向いていないと、せっかくの力が分散してしまいます。

二 目指す方向が同じなら、目の前の仕事に集中できる

時々、外部の方から「ユナイテッドアローズ社はどんな時でも業績がいいのはなぜですか?

きっと、とても優秀な人を多く採用できているのですね」と言われます。採用担当だった私としてはうれしいかぎりでしたが、冷静に考えると必ずしもそうとばかりは言えません。もちろんパフォーマンスが高い人が多いと思っていますが、他の企業より飛びぬけて優秀な人が多いとは思っていませんでした。

私が思うに、ユナイテッドアローズ社の業績がいい理由のひとつは、理念を通じて全社員のベクトルや価値観が合っているため、余計な労力を使うことなく個人のすべての能力を目の前のやるべき仕事に集中できるからだと思います。つまりひとり当たりの生産性が高いということです。

会社自体が迷走したり、価値観の違いや派閥争いなど、方向性が定まっていない会社。そんな会社では、根回しやらなんやらにパワーを使ったうえに、本来やるべき「お客様にとって正しいこと」ができないジレンマに陥り、社員も心身ともに疲弊して本来の能力が発揮できず、パフォーマンスも上がらないという悪循環に陥りがちです。

けれども、ユナイテッドアローズ社は「理念実現につながっているのか？」、「お客様のためにつながっているのか？」というわかりやすいベクトルに向けて、自分のやっていることに迷いなく純粋に本人の持つ能力を発揮できるため、パフォーマンスも上がり、生産性も高まり、向いている方向も一緒なので何かあっても修正力が高いのだと思います。

つまり100の能力を持っている人がA社では労力の浪費で40が割かれ発揮できる能力は60くらいかもしれません。けれども、理念に共感していれば100の能力を発揮できると言ってもいいかもしれません。しかも同じベクトルの人たちが団結することで150、200のパフォーマンスを発揮できるでしょう。これは個人にとっても会社にとっても、とても大切なことです。「理念や価値観が違うなぁ」と思いながらストレスを抱えて仕事をしていると、個人にとっても会社にとっても不幸です。実際に私はユナイテッドアローズ社で働いていた13年間、会社や上司との方向性の違いで悩むことは一度もありませんでした。

もちろん教育も大切ですが、やはり入り口、つまり採用は会社にとっても社員にとっても一番大切だと言い切れると思います。

＝採用に大切なのは母集団の「数」よりも「質」

私は常に採用において大切なのは、理念に共感し、社是のために邁進し、「お客様に喜んでいただく」という強い想いのある人を同じユナイテッドアローズ社という長距離バスに乗る仲間として迎え入れることだと考えていました。

そのためには会社の理念(価値観)をより多くの人に知ってもらい、それに共感する同じ価値観や方向性を持った人を母集団として形成することが一番大切です。

これは採用サイト、ホームページや説明会、SNSなどを使って行います。

採用サイトや説明会、SNSなど会社の理念(価値観)を伝える場で、一貫したメッセージを伝えることが大切です。最近の企業の採用サイト、ホームページを見ていると、企業としてなにを伝えたいのかわからない、学生のご機嫌取りのようなものを見つけることがあります。当社に入ればこんな楽しい社会人生活が待っていますよ、的なものです。もちろん企業のいい部分をアピールすることはとても大切ですが、事実と違うことや誇大した内容を伝えても、かえって不利益を生んでしまうかもしれません。

なぜなら、確かに母集団は多く集まるかもしれませんが、自社の理念や価値観に合わない人を集めてしまうことにもなりかねないからです。学生もあとで「何か違うな」とわかってしまいます。労力をかけて説明会、選考と進んだうえに内定を出しても辞退されたり、入社してもすぐに辞めてしまう。こんな話をよく耳にします。

私は長年、ユナイテッドアローズ社で最終面接を担当してきました。面接の際に他社の内定を持っていて、ユナイテッドアローズ社を受けにくるという人にも多く会います。

「すでに他社に内定しているのになぜ当社を受けてくださっているのですか?」

と質問すると、

「採用サイトと説明会、選考と進むにつれ、採用サイトで言っていることと説明会の内容が違っていたり、選考時の面接官の態度などに矛盾を感じてしまって、本当にこの会社を信じていいのかわからなくなってしまったので悩んでいます」

「ユナイテッドアローズ社は、すべてが理念と一貫していて、説明会や面接など採用に関わる社員の話にも一貫性を感じました」

という話をよく聞きました。学生の皆さんも、多くの会社を回っているのでそのあたりは見抜いてしまうものなのです。

社会問題になっている、新卒者が3年で3割以上辞めてしまうという現状は、いわゆる採用のミスマッチが大きな原因のひとつでしょう。


つまり、採用にあたっては母集団の数ではなく質、つまり理念(価値観)に共感した母集団形成が大切だということです。

一方で、学生の皆さんの会社探しは、「その会社の理念(価値観)が自分の価値観と合いそうなのか?」という視点で探すことが大切なのです。長い人生、仕事の内容そのものは最初に何をするか、配属はどこなのかなど、あまり大きなことではありません。しかし自分の価値観と合わないということはその会社にいるかぎり付きまとうことです。

ユナイテッドアローズ社の採用

前述のように、私が在職中のユナイテッドアローズ社の採用は一貫して「この理念に共感できるか」を見ていました。特にお客様と接するにあたり、社是の「店はお客様のためにある」を実践し、お客様に喜んでいただくことができる人なのかどうかをチェックしていました。

そのひとつとして、まずはエントリーシートの存在です。

最近の就職ポータルサイトはエントリーが簡単になっています。

少し前は深刻な就職難の時代が続いていたので、学生も自分の希望を絞り込むより先に数多くエントリーし、進めるところは進んでおいて、どんな会社か後で考えようとしていました。また、学校も本来なら「本当に自分のやりたいことをよく考えて企業選びをしてもらいたい」と思っているのでしょうが、どうしても就職率を考えてしまい、「幅広く受けなさい」と指導しているようです。それを助長しているのが就職ポータルサイトで、簡単に多数の企業にエントリーすることを可能にし、それぞれがエントリー数を競っています。

かくいうユナイテッドアローズ社もこの就職ポータルサイトを使っているのですが、エントリー数だけで言うと「万」の単位になります。そしてこのなかにはユナイテッドアローズ社の理念はおろか事業内容も知らない人も多くいるわけです。

そこでユナイテッドアローズ社では、応募前に「エントリーシート」に記入していただくことで、ユナイテッドアローズ社のことをもっと知ってもらうと同時に、学生の本気度も見せていただいていました。

エントリーシートの内容は志望動機など一般的なことからご自身の考えるコーディネートまで幅広く記入してもらいます。少し面倒かもしれませんが、エントリーシートを作成することを通じてユナイテッドアローズ社の理念や価値観を理解していただける内容です。

特に難しくはありません。説明会に参加したり、ホームページを見ればすぐにわかる内容です。こうしたプロセスのなかで、ユナイテッドアローズ社の理念、価値観と、自分の価値観が合っているのかが整理できるのではないかと思います。

選考方法は毎年少しずつ変えていますが、ユナイテッドアローズ社の理念に共感し、洋服好きであることは大前提です。そして、お客様のために尽くせる人、お客様の喜びが自分の喜びと思える人、仲間と協調しながら仕事ができる人、そして個性豊かな人を採用しています。

それはグループワークや面接を通じて確認していました。

またその場は、応募者にも自分の価値観とユナイテッドアローズ社という会社の理念が合っているのかを確認していただく場だとも考えていました。

ユナイテッドアローズ社の説明会や選考に参加していただいた受験者から、

「とても楽しくて時間がすぐに過ぎてしまった。ユナイテッドアローズ社の目指すものがよくわかった」

「自分にとって共感できるか、できないかというのも、終わった後にピンとくる内容になっている」

との声が寄せられていました。

面接時、リクルートスーツはNG

面接時の服装として、リクルートスーツはご遠慮いただいていました。選考時にテーマを決めて、「あなたがユナイテッドアローズ社のお店に立つことをイメージして」など、自分らしいコーディネートで来てもらいます。

近年、若者の洋服好きが少なくなっています。やはりユナイテッドアローズ社は洋服好きの多い会社ですし、お客様も洋服好きの方が多く、販売員に対して「専門知識を持っていてほしい」と期待しています。当然お客様の期待レベルも高くなります。それに応えるだけの力はあるか、そのポテンシャルはあるのか。そして洋服を着ることを楽しんでほしいからこそ自分らしいコーディネートで来てもらっています。

小売業はお客様がすべてです。販売員の採用は、お客様の代わりに採用のプロの目でお客様にとっていい販売員を選ぶということになります。もちろん会社の視点で必要な要件もありますが、純粋にお客様の視点だけで考えてみると、販売員は接客の前にお店の雰囲気をつくります。入った瞬間に感じる空気感です。

そのためにはお客様が安心して入りやすい雰囲気づくりが必要です。それは笑顔と挨拶、「歓迎されている」と感じていただけるかという印象が重要です。いわゆる第一印象です。

「第一印象」で重視するのは

お客様は来店されると必ずお買い上げになるわけではありません。下見だったり、待ち合わせ時間までの時間つぶしだったり、気分転換に洋服を見に来たり、たまたま気に入った洋服がなかったりと、理由は様々ですがお買い上げにならない方のほうが大多数です。

この大多数のお客様が、「今日は買わなかったけど今度また来てみよう」と思うか思わないかで、大きく来店客数は変わってきます。

そして「お店の感じが悪かった」と感じてしまう大きな要因は販売員の印象なのです。「挨拶がなく、笑顔もなくてブスッとしていて居づらかった」という経験はあなたにもありませんか。せっかくいい洋服を置いていても、こんなことでお客様に敬遠されてしまうことがあってはもったいない。逆に、たとえ買わなくても、押し付けられるようなことはないし、感じのいい挨拶をする販売員がいれば、「また行ってみよう」と思ってもらえます。

つまりお客様のためを考えれば、第一印象がいかに大切なのかがわかると思います。顔や容姿のよしあしではなく、「お客様から見てどう感じるか」という視点が大切なのです。

私が最終面接で心がけていたことは、お互いのお見合いの場、選考の場であり、選考される場でもあるということです。当然、採用者としての私もありのままの自分を見てもらうことを心がけていました。面接は、会社との相性をお互いに見る場です。カッコつけて違う自分を装って入社しても、ずっと違う自分を装うことは不可能です。自分らしさを出せず、居心地の悪い環境で働くことはお互いにとって不幸です。

そういう意味では、長期インターンはお互いの素顔を見ることができるので有効ですが、ユナイテッドアローズ社では近年多くの新卒採用をしているので長期インターンの受け入れは難しく、数回の面接で判断しなければなりませんでした。

そこで、ユナイテッドアローズ社での私の面接時のポイントをいくつかご紹介しましょう。まず私は、応募者がなるべくリラックスして素の部分を出しやすいように、入室時には必ず立って同じ目線で、笑顔で「こんにちは」と挨拶をしました。これだけでかなり緊張がほぐれるのがわかりました。

その後、簡単に自己紹介をしてもらい、それでも緊張がほぐれない場合は最初の質問を簡単で答えやすいものに変更したりしました。「好きなブランドはなんですか」とか「いつもどこで洋服を買っていますか」など、本人が興味のありそうな話題からフレンドリーに質問しました。そしてその答えに関心を持ってリアクションをしたり、着ている洋服についてほめたりしました。「最終面接だ」と構えてきた人も、「おっ、なんだか思っていたのと違うな」とリラックスしてくれます。少しお互いに打ち解けたところで、核心部に迫っていきます。

二 最終面接で聞くこと、見ること

私が最終面接で見たかったことは、以下の3つです。

①「理念に共感しているかどうか」

これは志望動機を話してもらう際に聞いています。ここに至るまでの説明会、選考を通じて、理念について時間をかけて説明していますので、だいたい志望動機に理念の話を入れます。あとはその理念の話をどう自分なりに解釈し、自分の言葉で話しているかが大切です。

もし理念の話が出てこない場合は、こちらの意図をくみ取れなかったという可能性があります。これは接客に置き換えてみれば、お客様の言いたいことを察することができない可能性の高い人と言えるかもしれません。

②「人に興味関心があるか、周りに配慮できるか。そしてファッションが好きか」
これはファッションに対してどのように傾倒してきたかを聞けばわかります。本当に好きな人は、この話題に興味を示してきます。自分の好きな話題を話すときに見られるのは、自分の話に夢中になっている時に、周りに配慮できているかという点です。

複数の集団面接では、ちゃんと周りに配慮できる人は自分の持ち時間を考えて話をします。これは接客においても同じで、お客様がお急ぎなのか、時間があるのかなど気を配れる可能性が高いのです。

③「物事に対してどのような思考を働かせるか」
「学生時代、自分で問題意識を持って考え、行動してみて成果が出たことって、何がありますか」と聞かれたら、あなたはどのように答えますか？

たとえばこんな人がいました。Aさんは学生時代に、アルバイトで個人経営の昔ながらの喫茶店で働いていました。お客様は少なく、オーナーは売上不振に悩んでいて、Aさんはなんとか力になりたいと思い、考えました。

Aさんは店の前が観光地の大通りで、人の通行量が多いことに目を付けました。店の前を通行する人を調べたところ、圧倒的に若い観光客らしき女性が多いことに気づきました。そこで若い女性客にターゲットを絞り、黒板を買ってもらい、入店しやすいように店の前に女性が好みそうなおすすめメニューやイラストを描いてイーゼルにのせておいてみたそうです。すると女性客の入店が伸びました。

次にAさんは店内のメニュー表に着目しました。観光客と女性というキーワードで、今までの古臭いメニュー表から、地域性を出した女性が喜びそうなポップなものに変え、そのうえで新規メニューの開発に取り組んだそうです。

このように、主体性を持って行動をした人は次々にエピソードを語ってくれます。それは多岐にわたり、しかもとても引き込まれる話ばかりです。

このような人は、入社後も自ら考え行動できる可能性が高い人だと言えます。これは、特性というか習慣の問題なので、大きなチャンスが来れば同じように考え行動してくれます。将来の会社を背負ってくれるダイヤの原石かもしれません。そのような人と同じバスに乗りたいと思うのは自明の理でしょう。

ほかにもいくつかの視点はありますが、いずれにせよ、面接官はリラックスした雰囲気づくりを心がけ、お互いに自分をさらけ出して、よいところを引き出してあげるということです。決してあらさがしをするのではありません。多少不向きなところがあっても、それを補うに余りある魅力があればいいのです。お客様視点でこんな販売員がお店にいたらいいだろうなぁと想像しながら面接をしていました。

受ける人にとっては、こんな会社でこんな人たちと働いてみたいと思えるかが大切ですし、そう思ってもらえるように面接官も心がけていたつもりです。

このような、いくつもの視点での面接を経て仲間になった新卒の内定者にはきめ細やかな研修プログラムを用意しています（第4章にて紹介）が、過去にこの研修に参加して「思っていた職場と違った」という理由で辞退されたことは私の記憶の中ではありませんでした。

また、ユナイテッドアローズ社では中途採用も積極的に行っています。

ユナイテッドアローズ社は、お客様満足を追求している会社として他社の販売員からも注目されています。そのため「販売の仕事を極めるためにユナイテッドアローズ社に来ました」

という人も多くいます。

たとえば他社に長年勤め定年も近くなり、「販売員としての集大成をユナイテッドアローズ社で行いたい」と入社してきた人もいました。

また若い人でも販売職を一生の仕事として極めるためにユナイテッドアローズ社に入社し、現在「セールスマスター」として活躍している方も数多くいます。実際に50代、60代でトップ販売員として活躍している人が多いのもユナイテッドアローズ社の特徴のひとつです。

いずれにせよ、ユナイテッドアローズ社に合格している人は、理念や社是の「店はお客様のためにある」ということを十分に理解している人であり、自分の価値観、やりたいことと照らし合わせてユナイテッドアローズ社の理念、社是に心底共感し、それを実際に行動に移せる方です。

必ず店舗に立って、販売員として働く理由

ユナイテッドアローズ社では、新卒者はデザイナーなど一部の専門職を除き、「販売員」として採用されます。これはユナイテッドローズ社が小売業であり、小売業界で働く者として店頭やお客様を知ることはあたりまえなことだというのと同時に、現在のアパレル業界にお

いて店頭、つまりお客様を知らずにビジネスをすることは難しくなってきているからです。

その昔はモノをつくれば売れる時代がありました。

私も営業時代の取引先から、「朝シャッターを開けると納品された山積みのパッキンで外に出られなかった」などという逸話を何度も聞かされました。しかもその商品はすぐに跡形もなく飛ぶように売れたものでした。

やがてデザイナーブランドブームが到来し、デザイナー発信で「その世界観をわかる人だけが買えばいい」という時代になりました。「ハウスマヌカン」という言葉がもてはやされて、販売員はあこがれの職業でもありました。

その後、ＰＯＳ（販売時点情報管理）からお客様がお求めになったデータを分析し、「売れ筋商品」を追いかける時代に。

そして今はお客様がお求めになった（顕在化している）データだけでなく、いかにお客様の潜在ニーズを販売員が吸い上げて、その情報を企画に活かしてモノづくりに反映できるかの時代になっています。

アパレル業界はプロダクトアウトからマーケットイン、そしてカスタマーセントリック（顧客中心主義）へと変化を遂げました。この流れについていけないアパレル企業は、残念ながら淘汰されていっています。

つまり、販売員はもちろん経営者からデザイナーなど企画者、管理スタッフまで、すべての社員がお客様のことを深く理解していないと生き残っていけない時代なのです。

以上のことから、新卒入社者は必ず販売員として店舗に配属しお客様に接してお客様を十分理解することが現代のファッション業界で生きていくには大切なことだとユナイテッドアローズ社は考えています。

もちろん職種は「販売員」だけではありません

ユナイテッドアローズ社には様々な職種がありキャリアパスもあります。

販売のプロとして50歳60歳まで販売を極めていく道、店長や本部のマネージャーとしてマネジメントを極めていく道、ＶＭＤとして店づくりを極めていく道、プレス（広報・宣伝セクション）として多くの人にブランドのよさを認知してもらう道、そしてバイヤー、ＭＤとしてモノづくりに携わる道、管理部門で店頭をサポートする道など様々なキャリアパスがあります。

個人のキャリアパスをサポートする様々な制度もあります。

そのなかのひとつ、社内公募制度は、新しい事業やお店、欠員のあるポストなど、本部、店舗にかかわらず、オープンにして広く社内の人員を募集する制度です。

新店のメンバーやMDアシスタント、プレス、管理部門など、あらゆる職種の募集が社内のイントラネットに公開されます。自分がやりたい仕事があった場合は自らエントリーをします。この際には周囲に対して極秘に応募していいルールになっています。万が一縁がない場合も、応募したことは上司には知られないですむわけです。

希望先の部署との面談の結果、合格の場合は元の部署や店舗には引き止める権利はなく、異動ができる仕組みです。

職種を変える、もうひとつの方法は自己申告制度です。これは年に1回実施され、自分の将来のキャリアに向けてこんな仕事をしたい、こんな部署に異動したいと申告するものです。これについても異動希望先の部署に情報提供し、面接の結果、合格すれば元の部署や店舗は引き止める権利がなく、無条件に異動が決定します。

このような制度を使って自分のキャリアパスを形成することが可能です。

実際に、販売部長を経験したのち「やはり自分は一販売員としてお客様に接したい」として店舗スタッフで接客をしている方や、バイヤーとして活躍したのち、お客様と接してお客様の生の声を聞きたいと店頭に戻り、販売員をしている人もいます。

新卒で入社したスタッフの数年後のキャリアパスも様々です

私が面接をして印象に残っている何人かの人をご紹介しましょう。

ある地方国立大学の工学部を卒業したAさんはとても服が好きで、当時その地域にはユナイテッドアローズの店舗がなかったので、船でユナイテッドアローズのお店に通っていたそうです。「研究室に入らないか」と言う教授の勧めを断って、「ユナイテッドアローズで働きたい」と言う洋服好きの好青年でした。入社後は店舗に配属され販売員として働いていましたが洋服好きに磨きがかかり、数年後はプレスとして幅広いお客様に洋服のよさを伝える仕事につきました。

また地方私立大学を卒業したBさんは、学生時代からセレクトショップでアルバイトをしていた洋服好きでした。新卒で入社後、地元の店舗に配属となり販売員として働いていました。後輩もでき、指導する立場になるに従って、「自分は洋服も販売も好きだけど人に興味があるんだ」ということに気づきました。そこで、「この洋服の販売の仕事のすばらしさを多くの人に伝えたい」と、社内公募制度を利用して人事に応募しました。今では採用の担当者として販売の仕事のすばらしさを伝えています。Bさんの熱い想いは、ユナイテッドアローズ社の説明会でもいかんなく発揮されて、学生の方にもとても好評をいただいています。

このほかにも新卒で入社して数年で異例の「セールスマスター」や店長に抜擢されたり、ＭＤに抜擢されたりと、いろいろな人たちを見ています。みんな販売員として認められ、お客様をよく理解したうえで社内公募制度や自己申告制度、上司からの抜擢などで様々なキャリアを積んでいます。ユナイテッドアローズ社のオフィスで働くほとんどの職種は、店頭からの出身者で占められています。

このように新入社員が育っていき、活躍する姿を見るのは採用をする人間としてとてもうれしいし、いつまでも覚えているものです。

ユナイテッドアローズ社は販売員の地位向上を掲げ、プロの販売員として一生販売の仕事を極めることが可能な会社ですが、働いているうちに自分の進むべき道が見えてきたときに選択肢が多いのも大きな特徴です。

ユナイテッドアローズ社では、本部のスタッフは「お客様に接する店頭の仕事をしやすくするための、店舗の御用聞きに徹しろ」と言われています。つまり一番はお客様のために働いている販売員なのです。その店頭をささえるのが本部スタッフの仕事なのです。

実際販売員と本部で働くスタッフは同一の給与体系で、職種による所得の違いはありません。逆に店舗で働いているスタッフのみ店頭手当がついているため、同一のグレード（等級）であれば販売員の給与のほうが高くなっています。

女性社員の活躍

ユナイテッドアローズ社はもともとメンズブランドが中心だったため、アパレル企業には珍しく男性社員が多かったのですが、２００６年ごろには女性の比率が上回り、現在では女性社員が6割近くを占めています。

ユナイテッドアローズ社の掲げる「一生販売員ができる会社」を実現するためには、女性が仕事を続けるうえで一番の悩みである結婚、出産をどうサポートできるかが重要になります。

特に出産は、産前産後休業や育児休業、そして復帰後の育児短時間勤務制度をどう整えていくかが重要です。お客様の立場に立てば、せっかく慣れ親しんだ担当者が結婚や出産のため退職し、度々変わってしまうより、ずっと自分のことをわかってくれている人がい続けてくれるほうがいいに決まっていますし、接客は経験によって習熟し「おもてなし」レベルも上がっていくものです。

販売職の仕事は帰りが遅くなることが多いです。路面店は営業時間を会社で決めることができるので、20時閉店という店が多いのですが、百貨店やファッションビルに入っている店舗はそうはいきません。お勤め帰りのお客様が多い駅ビルなどでは、遅くまで営業しているところも多く、22時まで営業している店舗もあります。

そしてその時間までやっている託児所も少なくなります。

そこでユナイテッドアローズ社では育児短時間勤務、子供の看護休暇を、販売職は小学校を卒業するまで取得できるようにしました。法定では育児短時間勤務は3歳まで、子供の看護休暇は小学校入学までとなっていますので、これはかなり手厚い育児支援策だと言えます。

けれども、このように制度が充実したとしても使われていなければ何もなりません。

もちろん販売という仕事をしながら育児をする環境をつくることは簡単ではありませんでしたし、抵抗もありましたが、ユナイテッドアローズ社では、この制度が実際に使われるように、人事部の労務チームに「次世代育成支援推進」の担当者を置いて推進に努めてきました。担当者もお子さんがいて、育児短時間勤務制度を使っている女性スタッフです。

自分の体験やネットワークをもとに、初めて出産し、子育てする人、ひとりひとりの相談に乗ってサポートしています。

２００９年には「くるみんマーク」も取得し、現在は2回目の更新をしています。「くるみんマーク」とは、次世代育成支援対策推進法に基づき、行動計画を策定した企業のうち、目標を達成し、一定の基準を満たした企業が、申請を行うことによって「子育てサポート企業」として、厚生労働大臣の認定を受けることができる制度です。

ユナイテッドアローズ社では定期的に『くるみん通信』という社内報を発行し、実際に働きながら育児をしているママさんを取材し、その生活ぶりや育児と仕事の両立のポイントを掲載することで、同じように働きながら育児をしている人やこれから子育てをする人の参考にしてもらっています。最近では子育てに積極的なパパ「イクメン」を紹介するコーナーもできて人気となり、男性の育児休暇取得者も出ています。

また、産休中のお母さんを集めて、職場復帰や子育てとの両立に関するミーティングを開いて、復帰への不安の払拭や、情報交換の場をつくったりしています。その成果もあり、現在では育児短時間勤務、産休、育児休業を合わせると300名、女性社員約2000名の15%がこの制度を利用していることになります。これは一般的に言っても高い数字ですが、制度がさらに定着して女性販売員が長く働きやすい環境をつくることが大切です。

子育てをしながら働く、ということ

けれども、どんな制度をつくっていても、一番大切なのは、「育児をしながらでも他の人に認められる仕事をすることだ」というのは言うまでもありません。

くるみんマーク

くるみん通信 VOL. 33 2015年27期1号
人事部 03-5785-6330

【私の働きかた】第18回 子育て店舗ママ編

♥東矢グランプリ出場について
店長から推薦をされ東矢グランプリのAE部予選会に出場をし、代表になりました。

今まで（ロールプレイングの大会へは）出場するよりも指導をする側だったので、最初に店長から話を聞いた時は動揺しました。

ちょうど復職をして1年経った頃で、AEで長く働いてき、出産を経て今子育てしている自分だからこそできる提案、接客について考え向き合っていた時期でもあり、出場を決意しました。

出産以前は「かわいい」・「トレンド」な服をすすめていましたが、今はお客様のライフスタイルに寄り添い、会話を広げながらヒアリングに繋げる様心がけています。

東矢グランプリまでの練習はAYRの店長が以前に東矢グランプリに出場をしていたので、週2回程AYRに行き、ロールプレイングを繰り返していました。


♥短時間業務の進め方として心がけていることは？

AE店舗は少ない人数体制なので、オープンまでの朝の時間に付帯業務を終えるようにフットワークを上げるよう努めています。残業で残ることができないので、翌に回せる業務についてはメールをしてもらえれば残していって大丈夫とメンバーへ伝え、朝早出をして作業するようにしています。


♥育児と仕事の両立をする上で気をつけていることは？

子どもと自分自身の体調管理です。

帰宅後はできるだけ子どもと遊んであげられる時間をとれるよう、朝早起きをして家事をすませるようにしています。


♥店舗メンバー等周囲からいただいているフォローは？

17時にあがらせてもらっているそのこと事態がフォローです。

また、どうしても急に休むことがあるので、そういう時はシフトの調整をしていただいています。迷惑掛けることのありますができることで貢献し、恩返しをしたいと思っています。


♥ご主人との分担は？

公休日は保育園のお迎えに行ってくれています。

3月まで預けていた保育園は土日が預けられなかった為、ルミネキャンペーン等イベントの時は夫に預け出勤していました。


♥お子さんとはどんなことをして過ごすことが多いですか？

2歳8ヶ月の男の子なので、とにかくワンパクです。ストライダー（ペダル無しの子ども用自転車）が今お気に入りで、お休みの日は公園で乗り回しています。

保育園から帰宅後も時間がある時は乗りたがり家の周辺を乗って遊んでいます。

出勤日のタイムスケジュール

5:30 起床 お弁当（自分とご主人分）作り、洗濯等
6:20 自分の身支度
7:00 子どもを起こし始める（朝は機嫌が悪いので30分ぐらいは抱っこしたり、ご機嫌とり）
7:30 朝食 子どもの身支度
8:30 保育園送り
10:00-17:00 出勤
18:00 保育園お迎え
19:00 夕食 お風呂
20:00 アンパンマンやドラえもんを観たり、子どもと過ごす
21:30 寝かしつけ
22:30 子どもと一緒に就寝

には接客力向上の役割をお願いしています。

限られた時間の中でどうしたらお客様に楽しんで頂けるのか？をいつも考えながら自身の経験や知識を最大限に活かし後輩メンバーとのRPGや勉強会など積極的に取り組んでくれました。

家事・育児との両立の中で昨年は東矢GPにAE代表として出場し健闘、メンバーへも良い刺激になったと思います。

フットワークの軽さや色々な視点を持って働く鈴木さんには日々、フォローしてもらう事も多く本当に助けられています！

女性としても家庭と仕事を両立されていて憧れの先輩です！！

※次世代育成支援対策推進法に定められた「一般事業主行動計画」の目標に基づき、イントラネットの掲載と店舗への紙面配布をしております。

『くるみん通信』

実際に子育てをしながら、「セールスマスター」として働き、「東矢グランプリ」（社内ロールプレイング大会）で優勝した販売員もいます。アストラットG店のHさんです。このFさんの東矢グランプリでの優勝が、周りのママさん社員に対する見方を大きく変えるきっかけになったと思います。

Hさんは旦那さんもユナイテッドアローズ社で働いていて夫婦で協力して子育てをしています。

Hさんは言います。

「短時間勤務になったときはつらかったですね。まずは子供を置いて仕事をしているうしろめたさがありました。このまま続けることが家族にとっていいことなのかとか、子供のことを考えたりしたときには本当につらかったです。でも周りの協力で今では楽しく仕事も子育てもさせていただいています。周りのメンバーにも負担をかけてしまっているので、感謝の気持ちは忘れちゃいけないないなと思います。メンバーの助けがあってこそ、こうして仕事を続けていられるので、周りの人達に感謝しています」

また、出産をして子供がいることで、人との接し方を考えるきっかけになったと言います。

「同じことを言うにしても伝え方を考えるようになりました。子供って言うことを聞かないじゃないですか（笑）。どうやったら子供に伝わるかなっていろいろ考えながら接するうちに、仕事においても相手の動きやすいように言ってあげることが大事だなって思えるようになりました」

子育てをすることで仕事にもいい影響が出ていると言います。

Hさんは20代のころ、仕事でも悩んでいて、女性としてもどうなるべきか悩んでいた時に先輩からこう言われたそうです。

「5年後どうなりたいか。そのために今どうするべきか考えなさい」

目からうろこが落ちたような気がしたそうです。この言葉で長期的な視点で自分の仕事と私生活を考えられるようになり、今もその言葉を胸に生涯販売員として「おもてなし」を追求できるよう頑張っているそうです。

その言葉をくれた先輩も、現在育児をしながらユナイテッドアローズ社で仕事を続けています。このようなママさんとして働く販売員の頑張りを応援すべく、ユナイテッドアローズ社の制度としての支援はさらに充実させなくてはなりません。

二 ユナイテッドアローズ社の販売員は、全員正社員です

ユナイテッドアローズ社は、2007年に全員を正社員化しました。

もちろん、個人の都合で社員になることを望まない人はその意志を尊重していますが、この呼びかけにより、販売員はほぼ全員正社員になりました。

最近は、採用難から販売員を正社員化する企業が増えています。しかしユナイテッドアローズ社は、なぜ(逆の)就職難だった2007年に、わざわざ全員を正社員化したのでしょうか。

それは、このままでは社是である「店はお客様のためにある」を実現できないという危機感からでした。つまり、多くの販売員がアルバイトのままでは、お客様がユナイテッドアローズ社に望む接客サービスのレベルのハードルをクリアできなくなると感じたからです。

2000年前後、世の中はフリーターブームでした。若者のあいだではあえて正規雇用されずにフリーで働くことがカッコイイとされていた時代です。

また、ファッション業界には「この仕事を極めたいので、アルバイトでもいいからユナイテッドアローズ社で働きたい」という優秀な若者がたくさんいました。このころまでは、販売員の多くがアルバイトでも、(優秀な人材が集まることで)接客サービスを高いレベルに保つことができたのです。

ところが2005年くらいから様子が変わってきました。世の中が安定志向に流れ、フリーター希望者が少なくなり、正規雇用を求める人が多くなったのです。

それにつれてアルバイト応募者の質が低下していきました。応募者数自体はそんなに変わることはなかったのですが、今までの高い採用基準だと明らかに採用できる人の数は減ってきました。その時期は新店の出店も多く、ひとりでも多くの「オシャレでお客様の喜びが自分の喜びと思える優秀な販売員」がほしかったのです。

採用基準を落とすことも検討しました。しかしそれではユナイテッドアローズ社に求めるお客様の接客の期待レベルを超えることはできません。お客様不満足を招いてしまいます。

〓お客様がユナイテッドアローズ社に求める期待レベル

私はお客様相談室長をしていたこともあるのですが、その際にいろいろなお客様の声を伺い、お客様によって、ブランドによって、お店によって、期待する接客のレベルにそれぞれ違いがあることを学びました。

たとえば皆さんは、コンビニエンスストアの接客に何を期待していますか。

コンビニで「店員が笑顔での挨拶がなかった」、「商品を見ていても声掛けがなかった」、「商品説明がなかった」と言って腹を立てる人はあまりいないと思います。

ただ、「レジで並ばされる」はどうでしょう。なぜか腹が立つのではないでしょうか。

スーパーなら許せても、コンビニでレジに並ぶとなぜか腹が立ちます。すぐに店員が飛んできて他のレジを開けてくれないのか、と思ってしまいます。

これがお客様によって、抱いているお店に対する期待レベルの違いです。

これを満たさないと「お客様不満足」となってしまい、満たしてあたりまえ、大きく上回ってはじめて「お客様満足」になり、思いもよらないプラスαがあると「お客様感動」につながります。

ユナイテッドアローズ社の販売員に対して求められる期待レベルは高いです。笑顔、挨拶、立ち居振る舞いもかっこよく、もちろんオシャレで個性的、ファッションやブランドの知識にも精通しているばかりか、芸術や音楽、カルチャーにも詳しく会話も楽しめる。ここまで求められるのです。

現に昔からご贔屓にしていただいている顧客様には、「最近のユナイテッドアローズ社の販売員は、お行儀はいいけど個性がなくつまらない」とか、「洋服好きが少なくなった。洋服の専門知識をもっと勉強したほうがいいのではないか」などと、お客様相談室にお叱りと激励のお電話をいただくこともしばしばありました。

このようなお客様の期待レベルに応え続けていくには、他社より優秀な販売員を確保することが必須です。そのため、他社に先駆けて社員化することを決意したのです。

二 人件費は膨れ上がったものの生産性は向上

もちろん、販売員の社員化により人件費は大幅に上昇します。ユナイテッドアローズ社は上場会社であり、株主様から利益の右肩上がりを期待されています。今の時代のように、ニュースで「外食産業などが、アルバイトではお店を運営する人員を確保できず、やむなく閉店や営業時間の短縮を余儀なくされる」などとたくさん報道されているのであれば、株主様の理解も得られたかもしれませんが、2005年当時は採用自体は買い手市場、人件費の増大によって利益が減ることを理解してもらうのが難しい時代でした。そんななかでの社員化は、経営としては一大決心だと思います。

もちろん利益を落とさないために無駄な経費を削減したり、MDプラットフォームを確立してMD精度を上げ、在庫のロスを減らすなど、利益を維持向上する施策も合わせて対策を打ちました。全社一丸となることによって、はじめて「販売員の社員化」が成し遂げられたのです。

当初、社員化により人件費率が高騰したため、やるべきではなかったのではとの声も聞かれましたが、いち早く社員化したことで、接客レベルそして採用においても他社にアドバンテージを持つことができました。

実際に平成26年決算のアパレル業界の売上高を見てみると、ユナイテッドアローズ社は売上では11位ですが、正社員数はと言うとアパレル業界では2位です。なんと売上高上位の社の数倍以上の社員数です。当然この数値には各社のアルバイトや派遣社員は含まれていませんので、それらを含めると働いている人数は売上上位のアパレル他社のほうが多いはずです。

ユナイテッドアローズ社は販売員を社員化したことで人件費が膨らみ、一時的に利益を圧迫しましたが、現在経常利益では6位、利益率でも7位と健闘しています（業界動向search.com調べ）。なぜ、社員数が多くても利益額・利益率ともに高いのか？

それは、少数精鋭の人員でお客様満足のための様々な仕組み制度を構築し、社員のモチベーションを上げ、生産性を高めるため、ひとりひとりが様々な工夫をした結果なのです。

＝モチベーションを上げるには

ではどうすれば社員ひとりひとりのモチベーションは上がるのでしょうか？

ここで注目すべき研究に、「ハーズバーグの動機づけ・衛生理論」というものがあります。

「ハーズバーグの動機づけ・衛生理論」とは、アメリカの臨床心理学者フレデリック・ハーズバーグ（１９２３〜２０００）が提唱した、「職務満足および職務不満足を引き起こす要因に関する理論」のことです。

人間には2種類の別々な欲求があり、「苦痛を避けようとする動物的な欲求」と、「心理的に成長しようとする人間的欲求」、とする説です。

つまり、「仕事の満足感を引き起こす要因」と「不満足を引き起こす要因」はそれぞれ別のものであり、不満足要因（衛生要因）をいくら取り除いても満足感を引き出すことにはつながらない。それは不満足感を減少させる効果しかなく、仕事の満足感を引き出すにはまったく別の「動機づけ要因」にアプローチしなくてはいけない、ということです。

不満足要因とは、企業理念・方針や職場環境、監督者との関係、労働条件、給与、対人関係などを指します。これらの要因が不十分なときに、人は不満足と感じます。この不満足要因は、「衛生要因」とも呼ばれています。

一方、満足要因（動機づけ要因）とは、仕事内容、達成感、承認、責任、昇進、成長の機会などを指します。これらの要因が十分であるときに、人は意欲が高まります。

満足要因が満されることで積極的な動機づけが行われ、やる気が増幅することから、「動機づけ要因」と呼ばれています。モチベーションを上げるには、衛生要因が満たされるだけでは足りず、動機づけ要因が働く必要があります。一方、動機づけ要因だけを増やしても、衛生要因が満たされていなければ、従業員の不満足が高まっていく、という仕組みです。

「衛生要因」は大前提、大切なのは「動機づけ要因」

企業が業績を伸ばすには、不満足要因である衛生要因を満たしたうえで、満足要因である動機づけ要因をいかに具体化していくかが重要になります。

いかに衛生要因を満たしつつ、動機づけ要因に働きかけていくか。このことを意識してユナイテッドアローズ社では人事施策を考えています。

衛生要因の視点では社員化することによって、新たに正社員になった人の労働条件と給与を上げることができました。

しかしこれはあくまでも衛生要因であり、不満足要因は少なくなりモチベーションを高める大前提にはつながりますが、モチベーションの向上にはつながりません。ですからまずは衛生要因を満たしたうえで、動機づけ要因を講じる必要があります。

ユナイテッドアローズ社には、社員のモチベーションを上げるための、いくつかの制度があります。成長の機会としての企業内大学「束矢（たばや）大學」、達成感を味わえる「目標管理制度」、優秀な販売員の認定制度「セールスマスター制度」、ユナイテッドアローズ社の接客ロールプレイング大会「束矢グランプリ」、その他「成果報告会」「各種表彰制度」などによって承認され、モチベーションアップにつながっています。次章以降でこれらの制度について詳しく説明していきたいと思います。

ユナイテッドアローズ社では、採用から一貫したこのような制度によって社員のモチベーションが上がり生産性の向上につながっているのです。

2013年のユナイテッドアローズ社、入社式の様子

第4章

ユナイテッドアローズ社の教育

＝「東矢大學」は販売を一生の仕事にできるプロの販売員を育てます

前章でハーズバーグの衛生理論と動機づけ理論の話をしましたが、動機づけ要因のひとつとして、「成長」というキーワードがあります。特に最近の若い人は企業に「自分が成長できる環境があるかどうか」を求める人も多く、モチベーションを上げる手段としても大変有効だと思われます。

また、企業理念、戦略を実現するためには、それを支える教育体系が必要です。この教育体系は理念実現、戦略実現につながるものでなければいけません。よく企業の上層部の方から「社員教育を何とかしたいんだけど、どうすればいいか」というご相談を受けます。しかし、「どういう教育が必要か」、「社員教育はどのようにすべきか」は、その会社が実現したいことや現状がどうなっているかによって違います。

目指すべきゴールが見えておらず、今どこにいるかもわからないと、どんなに高性能のナビでも道案内ができないのと同じです。まずは「どんなゴールを設定するか」、そして「現状はどうなっているのか」、それが定まってはじめて「ゴールに向かって何をすべきなのか」を考えることができるのです。

ユナイテッドアローズ社の研修制度は、「現場教育」、「事業教育」、「全社教育」の3つから成ります。

「現場教育」は店舗で行われるＯＪＴ（オン・ザ・ジョブ・トレーニング＝業務をとおした職業研修）です。「エデュケーター・スチューデント（ＥＳ）制度」と呼ばれ、全員に「エデュケーター」と呼ばれる先輩社員がついています。大きな店舗ではその「エデュケーター」を指導したり、店舗全体の教育計画を立案する「エデュケートリーダー」がいます。

店舗では理念の読み合わせや笑顔トレーニング、挨拶トレーニング、接客ロールプレイングなど、主体的に様々なトレーニングを実施しています。

「事業教育」は各事業（ブランド）ごとに必要とされる知識やスキルを、その事業独自のスタイルで研修します。各事業部に教育担当者がおかれ、その担当者を中心に研修が行われます。内容は事業部によってまちまちですが、各事業部の教育担当者のファシリテーション（合意形成や相互理解のための助言）レベルにバラつきが出ないように、教育担当者のスキルアップ研修は「全社教育」である「束矢大學」で実施しています。

そして「全社教育」は、「束矢大學」での研修を指します。２００７年4月に開校した全社教育の研修機関「東矢大學」は、東京・赤坂の本部オフィス内に設置され、年間200〜250日程度、全従業員を対象に様々な研修が実施されており、全国の店舗から多くの受講者が訪れています。

販売のプロからスキルをとことん洗い出した

ユナイテッドアローズ社の研修の歴史はグリーンレーベル リラクシングのスタート時に遡ります。それまでは会社の理念に基づき、OJTを中心に先輩が後輩を指導する伝承型の教育を行っていましたが、グリーンレーベル リラクシングという新しい事業がスタートする際に、外部から大量に採用することとなり、ユナイテッドアローズ社の大切にしている理念や接客について、全員に同じ温度で伝えることが難しくなってきました。

そこで当時、グリーンレーベル リラクシングの責任者であった現取締役専務執行役員の藤澤光徳さんが「販売員への教育の必要性」を訴え、新店ができるたびに新店研修を開催していました。これがのちに「藤澤塾」と呼ばれるようになった、ユナイテッドアローズ社の研修の原形です。その後全社的に拡大していくなかで、会社として研修の重要性が説かれるようになり、アルバイトでの入社時に全員が受ける「アルバイト入店研修」と、社員登用時に受講する「社員登用研修」が始まりました。

店舗モニター調査といういわゆる「ミステリーショッパー」（一般客に紛れて査定者が買い物に訪れ、店舗を評価する）が導入されたのもこのころです。この店舗モニター調査は現在でも年2回、すべての店舗に実施され、研修のカリキュラム作成や、店舗でのＯＪＴや目標設定に活かされています。

私が入社して最初のミッションは、このユナイテッドアローズ社の教育体系の確立でした。研修はスタートしたものの、当時は外部の研修会社の協力を得ながら試行錯誤で行っていました。

長く在籍している販売スタッフは自分の接客に誇りを持っていて、「一般的な接客マニュアルにある接客とユナイテッドアローズ社の接客は違う」と考えるスタッフも多くいました。そこで、ユナイテッドアローズ社独自の研修カリキュラムをつくってはどうかという提案をし、ユナイテッドアローズ社らしい接客ができるプロ販売員を育成する「プロ販売員養成プロジェクト」がスタートしました。

当時の販売部長を中心にプロジェクトチームを結成し、サービスマネージャーと呼ばれていた販売スペシャリストから意見を聞き、階層別にプロ販売員に必要な「マインド」、「知識」、

「スキル」などを洗い出しました。

この作業は1年近く繰り返され、合宿形式でとことんユナイテッドアローズ社のプロ販売員のあるべき姿について話し合いました。このプロジェクトに時間をかけたことが、のちの東矢塾や東矢大學の成功につながったと思っています。

スタッフのなかでモヤモヤしていた「ユナイテッドアローズ社らしい接客」がそこで明らかになりました。それをひと言でいうのは難しいのですが、

「お客様のためにカッコいいウツワ（店舗）で、カッコいい販売員が、腰を低く、親切丁寧に、専門知識を持って親身になって接客してくれる」

これが理想のユナイテッドアローズ社らしい接客でした。


このプロジェクトのもうひとつのポイントは研修体系の作成、カリキュラムの作成に多くのキーマンを巻き込むことができたことでした。その後２００３年に「東矢塾（プロ販売員養成プログラム）」として正式にスタートを切るのですが、その際に販売部長などプロジェクトに関わったメンバーが、積極的に東矢塾への参加を促してくれたことが成功につながったと思います。

このようにしてユナイテッドアローズ社らしい接客、プロ販売員に必要な「マインド」「知

識」「スキル」などの洗い出しはできましたが、この時点ではまだまだ問題が山積みでした。ひとつは「誰が教えるか」ということ。もうひとつは膨大なカリキュラムの作成でした。

二 誰が「接客」を教えるのか

それまでの長きにわたるユナイテッドアローズ社の接客に誇りを持っている人のなかには、一般的な接客研修の講師を受け入れない人もいました。実際にユナイテッドアローズ社では外部から優秀な接客教育担当者を採用していましたが、各販売員が持つ独特の雰囲気や技術に馴染むまでに、なかなか苦戦していました。

そこで私は発想を転換しました。内部の優秀なスタッフや店長のなかから講師を選び、その人たちに指導するスキルを身に付けさせたほうがいいのではと考えたのです。

「社内の一目置かれている販売員に教わることで受講者の納得性も高まる」、「販売員の新たなるキャリアパスを示せる」などの利点もありましたが、もうひとつ大きな理由がありました。それは長年社員教育をやっていたなかで、今までのティーチングやコーチングの研修方法に疑問を感じていたからです。

もちろん対象者によってはティーチングやコーチングの手法が効果を発揮するケースも

多々あります。そういった手法をいちがいに否定するつもりはありませんが、もっと効果的な方法があるのではないか、とずっと考えていました。その新しい指導方法を実施するには今までの固定観念がない人のほうが好都合だったのです。

そのためにまずは、社内で販売員教育に興味がある人の公募を行いました。応募者と、私がどうしてもこの人に教育をやってほしいと思っていた人も含めて選出し、教育チームをつくりました。そのメンバーで合宿をし、指導方法やカリキュラムをつくり上げていったのです。

教えるのではなくともに学ぶ

研修のカリキュラム内容は、座学だけではなく、グループワークやゲーム、行動学習を通じてともに気づき、学ぶ研修スタイルをみんなで考えて作りました。そして教育ではなくともに育つ「共育」として、指導者も「ファシリテーター（促進者）」、つまり受講者の自らの気づきのお手伝い、促進する人と言うのがふさわしいと決まりました。

そして満を持して2003年1月に、プロ販売員養成講座である（そして東矢大學の前身となる）「東矢塾」がスタートしたのです。

当時の束矢塾は階層別の研修、つまり以前からあったアルバイト入店研修、社員登用研修、中堅社員研修、店長研修等々の必修研修がメインでした。そのほかには、カラーコーディネイト研修やメイク研修、メジャーリング研修などの自己選択研修のメニューもあり、職種ごと、階層ごとに細かく研修コースが分かれていたのです。

この時期、ユナイテッドアローズ社は出店ラッシュでした。そのため、新店のオープンに合わせて1か月程度の様々な研修を行っていました。そのなかのひとつ、ある店舗のリニューアルオープンの際にはじめたのが「アクションラーニング」という野外学習です。

おもにチームビルディングやリーダーシップの醸成を目的としていましたが、4泊5日の研修でアウトドアでのグループワークや山登りを行います。理論→実践→振り返り→実践という座学だけではなく、「行動から気づきを得る」というものでした。

最終日の夜に行う「ファイヤートーキング」は、この研修で思ったこと、自ら気づいたこと、改善点などをひとりずつ焚き火を囲んでみんなの前で話し、その人に対してメンバーひとりひとりがその人のいい点、感謝の気持ち、そしてこうすれば更によくなるのではないか、などを本音で伝える熱いものでした。

この時は夜7時過ぎから初めて、終わったのが朝の4時でしたが、リーダーに対する信頼感、メンバー同士の士気も高まり、チームワークが確固たるものとなりました。それにより、リニューアルオープンに向けてとてもよいスタートが切れたのではないかと思っています。

この研修に限らず、新店研修ではお互いの本音を語る「本音ミーティング」を頻繁に行いました。チームというのは一度は混乱、葛藤を経てとことんお互いが向き合うことでしか本当のチームワークが生まれないのではないでしょうか。

特に最近はうわべだけの大人の付き合いで、あまり深く関わらない人間関係がよしとされる空気があります。学校の友人関係であればそれでもいいのかもしれませんが、チームとして店舗運営をしていくと、そのままではいろいろな危機が訪れます。

そんな時は、本音でとことん話し合える人間関係が必要となります。研修のなかや普段の店舗運営でも、このような「本音ミーティング」は頻繁に行われました。


これは成功することも多いですが、失敗することももちろんありました。人間関係が余計にギクシャクしてしまったり、それが原因でチームを去る人が出たりすることもあります。一時は「本音ミーティング」は逆効果なのでは……と言われたこともありました。

しかし、だんだんこの成否の違いがわかってきました。

その違いは何かと言うと、ひとつは店長や管理者、つまりリーダーの本気度です。リーダーがメンバーととことん向き合う覚悟でいるか。もうひとつはお互いが個人の背景をどれだけ理解して、または理解しようと望んでいるか。成否のカギはこの2点に尽きます。

＝リーダーの「本気」とそれぞれの「向き合う姿勢」

リーダーが「本気でやり遂げよう」、「チームをよくしていこう」、「メンバーと向き合おう」、「メンバーを信じよう」と思えるかどうかは、言うまでもなく大切なことです。しかしこれがなかなか難しいのも現実です。

新任の店長の研修で、私が必ず話していたことがあります。それはまず店長自身が甘えを断ち切り、今までの自分を変え、店舗をこうしていきたいという意思を持って、熱い想いでメンバーに伝えていく、熱を伝播していくことが大切だ、ということです。店長が本気でなければ、スタッフは「こんなもんでいいや」と思ってしまうからです。「自分は本気じゃないけど、お前たちは本気でやれよ」なんてことはあり得ないのです。

そうしてもうひとつは、「ひとりひとりがお互いの背景をどれだけ理解しているか」です。「プライベートなことまで立ち入りたくない」という気持ちもあるとは思いますが、その人の背景を知っているか否かでは、お互いの理解度が大きく違います。人間にはいいところも悪いところも必ずあります。しかしそれには必ず理由があります。それはひとりひとりの育ってきた背景にあることが多いようです。

たとえば、必ず「自分が自分が」と出しゃばるAさんがいたとします。Bさんは「Aさんのことは苦手だなぁ」と思っていました。しかしAさんは3人兄弟の真ん中で、常に親や周りの大人から兄や弟と比較されて育ったため、兄さんや弟に負けたくないと頑張って生きてきて、自分が一番でないと気が済まなくなったとか……。そんな背景がわかったらどうでしょう。「強がっているけど結構可愛いなぁ」と思えてくるかもしれません。

加えて言えば、そんなAさんのことを嫌だなと思うBさんは長男で、そんな「自分が自分が」と自己主張できるAさんのことを本当は心の底ではうらやましく思っているのかもしれません。

そんなお互いの背景を知って、そのうえで自分のことも振り返ったりすると、「この人はこういう理由でこのような行動を起こしやすいんだなぁ」と思えるし、振り返って「自分はなぜそこに引っかかるんだろう」ということがわかるのではないでしょうか。

そう思えたら、相手への理解が深まり、そんなに腹も立たないし、その人のすべてを否定したり、嫌いになったりはしないで、いいところへ目を向けることができるようになっていくと思います。

このふたつの要素を理解し、実践するつもりで「本音ミーティング」を行った場合は、必ずチームは成長し成果につながってきました。

私の人生に大きな影響を与えた管理者研修

ユナイテッドアローズ社の管理職研修の始まりは、「目標管理考課者研修」でした。これは「目標設定」と「その進捗管理」を徹底化する研修で、ユナイテッドアローズ社が創業以来、成果を出し続けている理由のひとつは間違いなくこの目標管理制度にあると言っていいほど重要なものです。これを徹底するために目標管理考課者研修が行われました。

その後、財務計数に関する研修やリーダーシップやマネジメント研修などを行います。

その中でも一番印象に残っているのは、心理学と禅の要素を取り入れた6日間ほどの、管理者の人間力を高める研修です。この研修は自分に徹底的に向き合い、自分自身を理解し認めることで、相手との接し方が変わり、自分が社会にどう貢献していくか気づくものでした。

今では行っていませんが、この研修で「自分が変わった」と思っている人も多いと思います。少なくとも私の人生に一番大きな影響を与えた研修と言えると思います。

「東矢大學」へと進化

このように東矢塾をはじめ新店研修、管理職研修、そして本部社員向けの研修を少しずつ増やしていき、２００７年に「東矢大学」へと進化しました。

「東矢大學」は当時の岩城社長の「企業はヒトである」という想いを踏まえて、ユナイテッドアローズ社の人財が「社会人になってから20年間にどんな領域の、どんな知識を身に付ければよいか」に対して、「学ぶ道しるべを創りたい」というものでした。

そうして「東矢大學」はまず、階層別と選択式の研修を立ち上げました。中途入社研修では普段は店頭に立たない管理部門でも、販売職としての基礎などを学びます。最低1か月の店頭での実習も義務付けられていました。

ザッとメニューを書き出すと、以下のようになります。

東矢理念研修、基本接客力研修、購買心理８段階研修、メジャーリング研修、マネジメント研修、コーチング研修、クレーム対応予防研修、基本販売政策研修、商品知識・素材知識研修、ＭＤ研修、モノづくりの工場研修、基本商品政策研修、ＶＭＤ研修、数値強化研修
これらを含めて初年度は20の講座を行い、のべ１００日程度の研修でスタートし、年々カリキュラム数は増えていきました。

ユナイテッドアローズ社の研修の歴史

1999年　グリーンレーベル リラクシングのオープンと共に新店社内研修実施
2000年　アルバイト入店研修、社員登用研修スタート
　　　　店舗モニター調査スタート(ミステリーショッパー)
2001年　管理職研修スタート
　　　　プロ販売員養成プロジェクトスタート
2002年　本部社員にマナー研修実施
2003年　東矢塾(プロ販売員養成プログラム)スタート
2007年　東矢大學スタート

〓見失った「私たちのお客様は誰なのか?」

順調に進んでいた東矢大學のプロジェクトでしたが、数年たつとカリキュラム数や研修日数は増えたものの、それに反比例して受講者が減ってきてしまう現象が起きました。店長からは「東矢大學に行かせたくない」との声も聞こえてきました。

なぜ、こんなことになってしまったのでしょう。答えは簡単でした。「私たちのお客様は誰なのか?」という根源的な問いを、教えていた私たちが見失ってしまったからです。

もともと、接客のプロを集めて東矢塾を始めたわけですから、研修、つまり「教えること」に関しては未経験の人ばかりでした。

ところが研修のファシリテーターとしての知識が増えるにしたがって、「研修とはこうあるべきだ」という意識が先に立ち、現場意識が薄れてきて、独りよがりの研修カリキュラムになってしまったのです。教育を長年やっていると陥りがちな罠でした。

そこで必要だったのは、研修する側である私たちが初心に返り、東矢塾を立ち上げた時の気持ちを思い出し、原点に立ち返ることでした。

なぜ東矢塾はうまくいったのか。そこを深く突き詰めてみると、答えはおのずと出てきました。それは店頭を一番よく知っている販売の責任者から広く課題を拾い集め、それを解決するためのカリキュラムをつくり、ファシリテーターは受講者が自ら気づくためのお手伝いをしていたからでした。

しかし、東矢塾建塾当初のメンバーはほとんど新しいステージに異動し活躍しており、現場には当時を知る者は少なくなっていました。

そこで当時のメンバーで再度「私たちのお客様は誰なのか？」を確認し、東矢大學のあるべき姿を問い直す合宿を行いました。原点に立ち返り、ユナイテッドアローズ社のお店にお越しくださるお客様のために尽くす販売員の問題解決。そして、経営の重点取組課題、経営課題の解決をしていく研修カリキュラムに組み直したのです。

また、研修の進め方もグレードアップしました。ストーリーテリングという手法を使い、受講者が自ら気づくために逆算した研修ストーリーを創り、気づきを促すものです。ファシリテーションスキルも視座を高め、質問力を高めて研修生が相互に対話することによって「気づく仕組み」を取り入れました。

二「研修する側」が陥りがちな失敗

研修を行ううえで気をつけなければならないのは、教育に対する情熱が強くなればなるほど「こうあるべき」という想いが強くなり、「受講生のためだ」と言いながら、自分視点の独りよがりになってしまうことです。本来はお客様のために頑張る受講生の現場の課題や経営課題を解決するためにあるはずなのに、です。

忘れてはならないのは、教育担当は情熱と同時に、客観性を持って「これは本当に真にお客様のため、現場の問題解決、経営課題の解決につながっているのか?」と常に自分たちに問いかけ続けることが大切だということです。

そして次に私たちが行ったことは、増加した研修数も減らし、経営課題や店頭での問題解決につながるもの、本当に必要な講座に絞り込むことでした。

たとえば、２０１２年の経営の重点取組課題のひとつは、クレーム撲滅でした。それに合わせ、東矢大學では「クレーム撲滅研修」を実施しました。座学で学ぶだけではなく、お客様がご来店になる前に起こった出来事をイメージした映像を見て、お客様の背景を感じてもらったり、店舗や本社に届いた顧客の手紙を読んで話し合い、「お客様の立場に立つ」という意味を実感してもらうのです。

購買心理研修では販売職と顧客の役に分かれ、ロールプレイイングを通じて様々な場面でクレームになった場合の接客を学んでいきます。

カリキュラムが進化すると受講率はみるみる上がっていき、定員オーバーでキャンセル待ちの講座も多くなってきました。現場の店長からも「ぜひもっと東矢大學に行かせたい」という声が増えてきました。要望に応えるうちに、入社時から店長そして経営層までの階層別研修から商品知識や販売知識を学ぶ選択型の研修、経営の重点取組課題をサポートする研修、問題解決法などのビジネススキルやマネジメントまで多岐にわたり講座数も数十講座になり、あっという間に研修日数はのべ年間250日を超えていました。

近年は接客に関する研修は事業ごとや店舗でのOJTに落とし込まれつつあり、代わって本部系のニーズが強まっている傾向があります。

カリキュラムは毎年、その年度の重点取組課題や店頭での課題、社員アンケートの要望をもとに組み直されます。

研修で「実」になるのは1日でひとつかふたつ

研修は2名のファシリテーターで行っていました。

そのうち1名がメインファシリテーター、もうひとりがサポートファシリテーターとなり、目の届かない受講者がいないようにフォローします。そのペアで20~25名の受講者を担当します。様々な手法で受講者に気づいてもらう仕掛けを行い、個人差が出ないよう、受講者にきめ細かく個別の投げかけをして気づきを促すのです。

ファシリテーションは、この「投げかけの言葉」が大切なので、細心の注意を払い言葉を選びます。今、この瞬間に、この受講者に対してどの言葉を投げかけることが気づきを促せるのか？　毎回が真剣勝負です。

「気づき」の仕掛けはこれだけではありません。映像、音声、ゲーム、ワーク、仲間との情報交換や話し合いを通じて促すことができるよう、様々なカリキュラムを設定します。

それでも1回の研修で何かを気づいて持ち帰り、それを行動として根付かせることができるケースはそんなに多くはありません。

私はこれまで教育・研修の仕事を20年以上やってきました。その間、数多くの外部の研修に行ってきましたが、「あれもこれも」という詰込み型、情報提供型の研修は、その時は「いい話を聞いたな」と思っても、あまりあとには残りません。まして自分の行動変革にはつながらないことが多いようです。

たとえば大ヒットしたスティーブン・R・コヴィー（１９３２～２０１２／リーダーシップ研究の第一人者。著書『7つの習慣　成功には原則があった！』は全世界で１５００万部以上販売された）の「7つの習慣の研修」は、私も大好きで何回も参加しました。研修としても完成度が高く、受講者に「気づき」を促します。その「7つの習慣の研修」でさえも、３日間かけて気づいて持って帰ることは、たったの7つなのです。

そう考えると、「あれもこれも持ち帰ってほしい」というのは無理があります。1日の研修では、「どうしてもこれは持ち帰ってもらいたい」ということをひとつかふたつに絞らなければなりません。

それにはまず、「この研修で何を持って帰ってもらいたいのか」のゴールを設定し、それに気づいてもらうためには、どのようなストーリーを描くのか。そして気づきを促すためにどこでどんな仕掛けを入れていくのか。すべて逆算してストーリーを考えていくのです。

研修ではまず「何を持って帰ってもらうか」のゴールを設定する

たとえば、先述したように「クレーム撲滅研修」というものがあります。

この研修は2012年度の経営重点取組課題のひとつであった、「クレームの撲滅」実現のために、カリキュラムをつくりました。クレーム研修は2007年から行っていましたが、それまでのクレーム研修は、クレームの対応の仕方が中心になっていました。

これは「初期クレーム対応を強化することによって、クレームが大きくなったり、2次クレームが発生するのを防ぐ」ということに大きな意味がありましたが、クレームの件数自体はなかなか減りません。そこで、「そもそもクレームはなぜ起こるんだろう」ということを突き詰めて考えることにしました。

クレームには「商品クレーム」と「接客クレーム」があります。「商品クレーム」は検品や品質の向上の取り組みで減少傾向にあります。しかし、「接客クレーム」の数は増加傾向にあったのです。出店数も増えていたので、店舗数や売上、販売員数の人員比で言えば増えてはいませんでしたが、撲滅には程遠い数値でした。

そこで個々の接客クレームを分析してみると、「お客様の立場に立っていない」、「気持ちを理解できていない」、「寄り添えていない」ということが多くの原因でした。

もちろん、相手のことをまったく考えない接客をしていれば、お客様からクレームを受けることはあるでしょう。しかし、ユナイテッドアローズ社の販売員の場合それは考えにくく、みんなお客様のためを思って接客をしているはずです。

ではどうしてお客様の立場に立てていないことが起こってしまうのだろう。お客様の立場に立つにはどうしたらいいだろう。私たちは考えました。

私たちは「人の立場に立つ」という言葉をよく口にします。面接などでもよく「私の長所は、相手の立場に立って考えることができることです」などと言う方がいますが、相手の立場に立つとはどういうことでしょうか。

人は「私はこうされたらうれしい、だから相手にもしてあげたら喜んでもらえる」と思いがちです。はたしてそうでしょうか？　もちろん喜んでもらえることもありますが、そうでないこともありますよね。意外と相手の反応が薄かったり、悪かったりしたことはありませんか？　自分のうれしいことが相手にとってもうれしいことと思い込んでしまうのは、独りよがりになってしまうこともあるのです。

「相手の立場に立つ」ためのゲーム

新人の研修でこんなゲームを取り入れたことがありました。相手の立場に立つトレーニングです。

2名がペアになって、まずAさんに最近食べておいしかったものを思い浮かべてもらいます。次にAさんはBさんの立場に立って、Bさんが食べたいなぁと思えるように、1分間でその食べ物の話をしてもらいます。「あくまでBさんの立場に立って、Bさんが食べたいと思えるように」と念を押します。

「1分間ですよ!!　用意スタート!!」

すると皆さん、夢中で最近食べたおいしかったものを話し始めます。

1分後、Bさんに聞きます。

「Aさんの話を聞いて、その食べ物を食べたくなった人！」

するとＡ割がたは手が上がります。

「じゃあ食べたいと思えなかった人は？」

少人数ながら手が上がります。何で食べたいと思えなかったのですか？　と質問します。

「私の嫌いなものだったから……」

「食べたばかりでおなか一杯なので、気分が乗らなかった……」

そこでこう質問します。

「このなかで最初にBさんに、好き嫌いがありますか、と聞いた方はいらっしゃいますか。今おなかが空いてますか、ご飯は食べたばかりですか、と聞いた方はいらっしゃいますか」

ここで皆さん「はっ」と気づくのです。


このゲームを私が初めてやった時のことでした。

私はBさんになり、Aさんの話を聞いたのです。Aさんはこう切り出します。

「私、先日神奈川県の三浦半島の三崎に行ったんですよ。そうしたら、おいしいマグロ丼の店を紹介してもらって……。活きがよくて大盛りで、口に広がるとろけるような味が最高でした！」

なんて話を息もつかせず、私に1分間、情熱的に話し続けました。

1分たって、Aさんは話し切って満足げな笑顔です。

しかし私にとっては、とてもつらい1分間でした。なぜなら私は生魚が大嫌いなのです。私は、フライフィッシングをするので釣りは大好きなのですが、生の魚を食べた時の口に広がる生臭い感じが耐えられないのです。

もちろんAさんは私が生魚を嫌いなのは知りません。私に嫌がらせをしようと思ったわけでも、気分を悪くさせようと思ったわけでもないのです。自分が食べておいしかったものを親切で薦めてくれただけなのです。でも、結果は思いどおりにはいきません。

自分が食べておいしかったものが、相手もおいしいと感じるか。

自分がうれしいと思うことが、相手にもうれしいか。

この簡単なゲームで答えはおのずと見えてきたのではないでしょうか。

二　相手の背景を知ることで、最適の対応方法がわかる

同じことは洋服屋でもよく見かけます。あるお客様は友人と会う待ち合わせの時間まであと15分あるので洋服屋に立ち寄りました。ゴールデンウィークに彼氏と旅行に出かける予定

があり、その時に履くパンツを探しに来たのです。時間もないのでお目当てのパンツ売場を探していると、販売員が声をかけます。

「いらっしゃいませ！　春の新作、人気の花柄のワンピースが入荷しました。ご試着いかがですか？」

お客様は声には出しませんが、心の中でこう思います。

「私、待ち合わせの時間が迫っていてパンツが買いたいだけなのに、なんでワンピースを薦めるの？　あっち行ってて」

お客様は無視して足早にその場を去ります。販売員はなんで無視されたのかわからないままです。

もちろん販売員は今シーズンの流行りの花柄ワンピースを、よかれと思ってお客様に情報提供したのですが、この時のお客様の気持ちに添うことはできませんでした。このように相手の立場に立つ、お客様の立場に立つということは難しいのです。

多くの人は自分の価値観、自分の色眼鏡で「お客様はこうしたらうれしいだろう、喜んでもらえるだろう」と想像してご提案しています。しかし、それでは本当の意味で相手の立場に立ったことにはなりません。先述のゲームで自分が食べておいしかったものをただひたすら伝えるのと一緒です。自分の価値観の色眼鏡で見て、相手の立場に立った気になっているだけです。

本当の意味で相手の立場に立つことの第一歩は、相手の背景を知ることなのです。相手の背景とは、その人の趣味、嗜好、性格、生い立ちや家族構成、今の悩み等々多岐にわたります。それを知るにはどうしたらいいか。それは相手に関心を持つことです。

「相手の背景」は、相手への関心と訓練、観察で見えてくる

興味を持って知ろうとすることによって見えてくるものがあります。ユナイテッドアローズ社のセールスマスターに聞くと、皆さんそれぞれの視点でお客様をウォッチングして、お客様の背景を知ろうとしています。

そこで、私たちは仮説を立てました。

「お客様に興味を強く持つことが真のクレーム撲滅につながるのではないか」

もちろんユナイテッドアローズ社の販売員は、もともとお客様に興味関心を持っている人が多いです。しかし毎日8時間、年間200日以上お客様と接しているため、その気持ちや集中力を継続し続けることは大変なことです。これだけの長い時間、そして毎日ムラなく続けるのは本当に難しいことです。

そこで、そんな忙しい販売員に向けてお客様に興味を持ち続けてもらうために、お客様の

背景の映像をつくりました。これはお客様がご来店になる前の出来事を映像にしたものです。

たとえば付き合い始めて1年の女性、最近は彼とぶつかってばかり、今日も些細なことで喧嘩に、そこへ彼からメールが。

「明日は付き合ってから1周年、仲直りの記念の特別なデートをしよう」

そこで彼女は気合いを入れて、洋服も彼好みのものを探しにユナイテッドアローズへ。

ストーリー仕立ての10分ほどの映像です。

その映像を見て、お客様はどんな背景で何を求めてご来店くださったのかを想像し、「もし自分なら、このお客様に何をして差し上げられるのか」を考えてもらいます。


個人で考え、そのうえでそれをグループで共有し、「ああっ……そんな考えもあるのか、私は気づかなかったけど」と、ひとりひとりが「気づき」の引き出しを増やし、普段からのお客様への関心を高めます。

また、実際にお客様に喜んでいただいた事例や、逆にお客様からお叱りをいただいたクレーム事例を研究し、どこがよくてどこが悪かったのか、どこに差があったのかなど、実際の事例をもとに考えることによって、さらにお客様の気持ちに寄り添い、うれしい気持ちや申し訳ない気持ちを体験することで、「背景」を感じるマインドと力が養われていきます。

そして、クレーム事例は『クレームノート』として全社で共有しています。

そのクレームノートの中でも、よく起こってしまう同様のクレームをピックアップして『UA事件簿』というDVDも作成しています。これは実際に起こったクレームの再現ビデオで、役者さんを使って実際の店舗で忠実に再現してリアルにお客様の気持ちを再現します（『クレームノート』と『UA事件簿』については第5章にて紹介します）。

ユナイテッドアローズ社の研修では、このように映像やゲームなど五感を使って「気づき」を得られるよう、様々なきっかけづくりをしていくのです。

このような研修は、

・私たちは何を売る商売か？
・お客様は何を買っているのか？（単なる洋服ではない）
・お客様にはどんな背景があり、ストーリーがあるのか？
・そこで私たちにできることは何か？

を、機会あるごとに改めて考えて、感じる「きっかけ」になります。

そして、常にお客様の立場に立って気持ちを理解し、心に寄り添い、お客様に喜んでいただけるよう訓練を積むわけです。

販売マナーや基本動作はひたすら反復練習

このような個々のケースを参考にした複雑な研修と双璧をなすと言ってもいいのが、入社研修などで行う販売のマナーや基本動作を身に付ける研修です。

何度も繰り返しますが、接客はお客様が百人いたら百通りです。しかしその一方で、接客には外してはいけない大切な基本があります。

「笑顔」、「挨拶」、「所作」は特に大切です。

個性的で型破り、それでもとても魅力的な接客をする人はたくさんいますが、そんなベテラン販売員たちも、すべて基本の型を徹底的に身につけて、そのうえで自分の得意な接客を模索しながらつくり上げていったのです。

型があって初めて型破りもできる。「型がなく好き勝手にやるのは、型破りではなく形無しだ」と聞いたことがありますがまさにその通りです。

ベテラン販売員に聞くと、やはり基本の大切さを十分に理解し、最初に「笑顔」、「挨拶」、「所作」を徹底的に勉強しています。ロールプレイング大会で入賞した人も、家でいろいろな場面やいろいろなタイプのお客様を想像しながら繰り返しロールプレイの練習をしていたそうです。

そしてまた、どんなに優れた販売員でもスランプに陥るときはあり、そんなときは必ず基本に立ち返るそうです。

2014年に全米オープンテニスで準優勝した錦織圭選手を指導しているマイケル・チャンコーチも、「まずは徹底的に基礎の反復練習をさせる」と聞きました。そうすることによって、いざという時に自然に動作として出てくるそうです。車いすテニスで4大大会（グランドスラム）、世界歴代最多優勝記録（2015年2月時点で計36回）を誇る国枝慎悟選手も「3万回繰り返して初めて自分の筋肉がその動きを覚える」と言っています。

接客もこれらと同じです。頭でわかっているだけでは役に立ちません。いろいろなお客様に直面したとき、自然な動作で「笑顔」、「挨拶」、「所作」が出てくるかどうかは、反復練習次第です。ひたすら繰り返すことで潜在意識に刷り込まれ、必要な時に自然な行動としてできるようになるのです。

「喜んでもらうこと」で自分が喜ぶ

もう一方で、接客に必要なのはマインド、つまり「おもてなしの心」です。ユナイテッドアローズ社では入社時に1日「理念研修」を行います。「理念」はただ読み合わせなどで伝えるのではなく、自分のものにしなくてはなりません。「理念」の文章自体を覚えることも大切ですが、そこにどういう意味があるのか、自分に置き換えるとどうなのか、ということを深く考え、自分自身の「気づき」にすることが重要です。特に社是である「店はお客様のためにある」という言葉は、接客をしていくうえでとても大切です。

これらを研修の場だけではなく、日々の接客のなかで常に自分に問いかけ続けて初めて、型で覚えて体に染みついた基本動作と、マインドである「おもてなしの心」がひとつになる日が訪れます。

まずはただ愚直に覚えた型を使って、社是である「店はお客様のためにある」、すなわち「お客様に喜んでいただくために何ができるか」ということを毎日必死に繰り返していると、ある日お客様に喜んでいただいてお礼を言われたり、感謝のお手紙をいただいたりします。

それが『サンキューノート』に載って、ほかの販売員からも褒められる。こうしたうれしい体験を積み重ねることによって、自然と「おもてなしの心」が何であるかを自分なりに理解し、「さらにもてなして差し上げたい」と思えるようになります。

セールスマスターたちも、

「お客様に喜んでいただけたことが積み重なるごとに、この仕事の楽しさ、喜びが深く心に沁みて、もっと喜んでいただきたいという気持ちが湧き上がってくる」

と、異口同音に言っていました。

人のために何かすると自分が喜びを感じるということは、近年脳科学の分野でも証明されつつあるようです。他人が喜び、利益を得るような利他的な行為をしているときに、脳は「報酬系」と呼ばれる回路が活動していることがわかってきたそうです。

そこには「自分が望んでそうするのだ、やらされているのではない」ということが鍵になっているような気がします。

「教育」には、長期的な視点で経費をかけ続けることが大事

正直、この教育プロジェクトにずっと携わってきた私自身、2001年に「プロ販売員養

成プロジェクト」を立ち上げ、その「あるべき姿」を描いたとき、とてつもなく長い道のりに思えました。何より本当に年間のべ250日以上の研修ができる日が来るとは思ってもいませんでした。しかし、教育に関わるスタッフ全員が熱い想いを持ち続けられたからこそ、少しずつ地味ではありますが、着実に進化することができました。

途中、ユナイテッドアローズ社の業績が悪くなり、教育プロジェクトの予算削減の危機も幾度となくありました。私自身も苦しい時、挫けそうになったときが幾度もありました。予算策定の経営会議の中で、当時の管理担当役員に「富島さんは経営をわかってないよね」と叱責されたこともありました。

しかし、「教育というものは絶やさず続けることで長期的に会社に貢献でき、何よりお客様に支持していただけるんだ」と思い、この重要性を訴えることが自分の使命だと心に決めていました。

「継続は力なり」と言いますが、まさに人材育成こそ継続が何より大切です。重松名誉会長はユナイテッドアローズ社創業時から創業の志に「教育の充実」をうたっており、さらに岩城前社長、竹田現社長ともに教育の重要性を強く訴えていたことは、ユナイテッドアローズ社の教育責任者として、大変環境に恵まれていたと思っています。

長年教育に関わってきた者として、事業を回していくための経費には、「長期的な視点で見るべき経費」と、「短期的な視点で見るべき経費」があり、教育費は前者であるということを強くお伝えしなくてはなりません。すぐに結果として表れにくいのですが、目先のことだけではなく長期的な投資としての教育こそが、事業の発展には重要なのです。

そういう意味では、ユナイテッドアローズ社がリーマンショック後の不景気な時代でも業績を上げ続けられたのは、長期的に教育投資をし続けた経営判断の結果として証明されたのではないかと思うのは、私の独りよがりでしょうか。

私が今思うのは、企業の教育担当の皆様は、客観的な視点も持ちつつ自信を持って熱い想いを貫いてほしいということです。販売員の教育を守り、継続し、進化し続けることこそを自分の使命として、覚悟を決めて教育の仕事に向かってほしいと思います。楽しみながら輝いて働いている販売員を増やしていくことは、すなわちこの職業に憧れを持って希望する若い人たちにとって大きな夢が広がることなのです。

〓現場でマンツーマン指導も「教育」の大きな原動力

「教育」について、最後の項目は「現場教育」です。これは各店舗で行われるＯＪＴのことを指します。ユナイテッドアローズ社では「エデュケーター・スチューデント（ＥＳ）制度」と呼ばれ、販売員には入社と同時に先輩社員が「エデュケーター」としてつきます。
エデュケーターは、『ビギナーズハンドブック』というユナイテッドアローズ社の販売員として最低限必要な知識やスキルが記載されているハンドブックをもとに、一人前になるまでマンツーマンで指導します。

ユナイテッドアローズ社はグレード制で、新入社員は、先輩の補助なく販売員としてひとり立ちできるグレードになるためには、笑顔、元気さ、明るさ、素直さ、謙虚さ、礼儀正しさ、挨拶、返事、言葉遣い、立ち居振る舞い、オシャレ、身だしなみ、ウォッチング〜プロポーザルまでの接客技術等の接客審査や、理念の筆記試験、面接があり、これがひとつの関門となっています。
つまりこのグレードが、「お客様にご迷惑をかけない安定した接客ができるレベル」という目安になっているのです。

まず新入社員は、エデュケーターについてこのグレードを目指します。審査シートの項目は、そのまま毎月の面談シートと項目が連動しており、エデュケーターと面談しながらスキルアップを図り、一人前の販売員に成長していきます。このＥＳ制度は新入社員だけではなくリーダークラスまで必ず自分のエデュケーターが存在し、それぞれのスキルアップを図ります。

前ページまでに紹介した本部主導による「集合研修」も大切ですが、それだけでは完全ではありません。ベテラン販売員に「自分が成長したと思う瞬間」をヒアリングしてみると、多くの人が業務を通じてだったり、上司や先輩の助言によるものであることがわかります。「集合研修」は日常から離れて自分を見つめなおし、大勢の仲間から「気づき」を得るいい機会となりますが、それはあくまでもキッカケづくりでしかありません。それらを行動に移し、検証、修正して習慣化していくのは、現場教育である日々の業務、ＯＪＴの役割がとても重要なのです。

しかし、ＯＪＴは教える人によって個人差があり、教えるスキルが乏しい場合があるという問題点があります。そこでユナイテッドアローズ社の集合研修である東矢大學では、ロープレ研修などＯＪＴのレベルを高めるカリキュラムや、店舗でのＯＪＴの際に使えるような映像ツールなどを持ち帰れるようにしています。

このような取り組みや、他の施策との連動により、ユナイテッドアローズ社のＯＪＴは日々進化しています。

しかし何より重要なのは、店舗のＯＪＴを推進するエデュケーターや、エデュケートリーダーの情熱です。接客ロールプレイング大会の際にも、店舗のエデュケーターや店長、リーダーがコンテストの合間にロールプレイング研修を熱心に受講し、そのノウハウを持ち帰って店舗で普及しました。今では、どこの店舗でも一定レベル以上のOJTができるようになっています。

「部下や後輩を育てたい」という強い想いこそが、ユナイテッドアローズ社の接客レベルを向上させていく原動力です。

そしてファシリテーターの役割はその促進者であり、主はあくまで販売員自身なのです。

このようにユナイテッドアローズ社の研修制度は、「全社教育」、「事業教育」、「現場教育」が三位一体となり、すべてはお客様のための行動につながっていきます。

研修は座学からロールプレイングまで多岐にわたる

新入社員の内定時から、ベテランになってからも、数多く受講する

第5章

「おもてなし」をとことん追求するための制度

ユナイテッドアローズ社は「おもてなし」をとことん追求するための、様々な制度がありま す。これらの制度や仕組みはあくまでユナイテッドアローズ社の理念実現のため、お客様のために、販売員のモチベーションを上げることや成果につなげるための取り組みです。

その代表的な制度をご紹介していきたいと思います。

販売員にスポットライトを当てる「セールスマスター制度」

ユナイテッドアローズ社は創業以来、「販売員の地位向上」を訴え続けてきています。

創業当時、「素敵な格好をしているけど、給料は安くてお昼はシャケ弁当ばかり食べている」と揶揄した『夜霧のハウスマヌカン』(1986年)という歌がヒットした数年後であり、ファッション販売員は若いころだけの仕事でした。

日本ではまだまだファッション販売員の地位は高くはないなかで、欧米では50歳、60歳になってもかっこよく専門知識を持ち、すばらしいサービスができるプロの販売員があたりまえのように数多くいました。

ユナイテッドアローズ社は、欧米のように「販売を一生の仕事とした、プロの販売員を優遇する会社になりたい」という想いが創業時の志としてありました。そのひとつのカタチとしてできた制度がこの「セールスマスター制度」です。

この制度は販売に特化して優れたパフォーマンスを発揮するスペシャリストに対し、ユナイテッドアローズ社の販売員のシンボリックな存在としてセールスマスターの称号を付与するもので、目的は、

①ユナイテッドアローズ社の大切な財産である優れた販売員を可視化し、スポットライトを当てる。

②販売員の将来の明確な目標となり、長く働く意欲につなげる。

③認定された本人にとっても、働き甲斐となりつつ、注目を集めることで一層磨きをかける機会にする。

④お客様にとっても自分の担当者が会社でも評価されている販売員だということに喜びと安心感を持っていただき、付加価値提供につながる。

ということです。

セールスマスターは売上を上げればなれるわけではありません。「売上」は多くのお客様に支持されている証であり、お客様満足のひとつの指標と考えていますが、重要なのは「周りから信頼され尊敬されている人間性」の部分です。店舗はひとりで売れればそれでお客様に喜んでいただけるというものではなく、店舗全体のチーム力を発揮しておもてなししてこそ、

お客様満足やお客様感動につながります。

ですからスタンドプレーで売上だけを追求する人はセールスマスターにはなれません。

全販売員のわずか1％という狭き門

また、「セールスマスター」は有効期間があります。努力を怠ると再選されないこともあります。実際に再選されない場合も、ままあることです。再選されず、奮起して数年後に再選された人もいました。それだけセールスマスターを維持することは大変で、一度セールスマスターになっても安泰というわけではないのです。

実際にセールスマスターになった人に話を聞いても、周りから「見られている」というプレッシャーに耐え、期待に応えながら、更に進化し続ける努力をしています。

２０１４年の時点でユナイテッドアローズ社のセールスマスターの数は30名です。販売員総数約３０００名の１％という狭き門なのです。

セールスマスターに認定されると、全店店長と部課長、役員の前で、認定証とプラチナにダイヤをあしらった特製の束矢マークのピンズが贈られます。また、年に1回、役員全員との会食会に招待され、そこですばらしいサービスを体験したり、またユナイテッドアローズ社の接客サービスについての意見を直接提言することもできます。

また、セールスマスターが一堂に会し、ユナイテッドアローズ社の接客やおもてなしについて話し合う「セールスマスターサミット」などが行われます。


セールスマスターの役割は、ユナイテッドアローズ社の販売員のお手本となるすばらしいおもてなし、接客をすることです。そして自ら背中を見せることでユナイテッドアローズ社の接客レベルを上げていくことに貢献します。

そのほかにも、たとえば各種ロープレコンテストに出場する後輩たちの指導や、ブランド内で研修会などの指導的な役割をする人もいます。メールマガジンなどで接客のコツを発信する人もいます。また、全国の店舗を回って一緒に接客を見せたり、現場指導をする人もいます。認定当初は自分がセールスマスターとして何をすべきか迷う人もいますが、このように自ら考え、主体的に動けることがセールスマスターの強みであり、このセールスマスターの活動によって、ユナイテッドアローズ社の接客レベルは常に引き上げ続けられるのです。

現在、セールスマスターは第8期を迎えて、その役割の幅をますます広げようとしています。ユナイテッドアローズ社の販売員が、同業他社や、異業種からも「おもてなしのすばらしい販売員だ」と言われ続けられるよう、先頭に立ってその販売技術を進化させていく責任を担っています。セールスマスターはユナイテッドアローズ社の「おもてなし」の体現者であると同時に、ユナイテッドアローズ社の「おもてなし」を進化させる役割も担っているのです。

接客技術の頂点を決める「東矢グランプリ」

ユナイテッドアローズ社では年に1回、毎年2月に社内の接客ロールプレイング大会を行っています。

このロールプレイング大会は「東矢グランプリ」と呼ばれ、グループ会社も含め、ユナイテッドアローズグループの販売員の頂点を決める大会です。

その目的は、接客販売に関わる成果の共有や接客技術・スキルを高め合うことを通じて、販売員の接客販売のレベルを向上し、CS（顧客満足）を極大化すること。

そして自らの再発見と他を認め、学ぶことを通じて、ユナイテッドアローズ社で働くことへのモチベーションを高め、ユナイテッドアローズグループの一体感を醸成することです。

内容は各事業部（ブランド）で予選会を実施し、選出された代表者1名たちが「事業対抗接客ロールプレイング大会」として決勝大会を行います。子会社の（株）コーエン、（株）フィーゴも参加し、2013年度は代表12名が優勝を争いました。

セールスマスター認定式

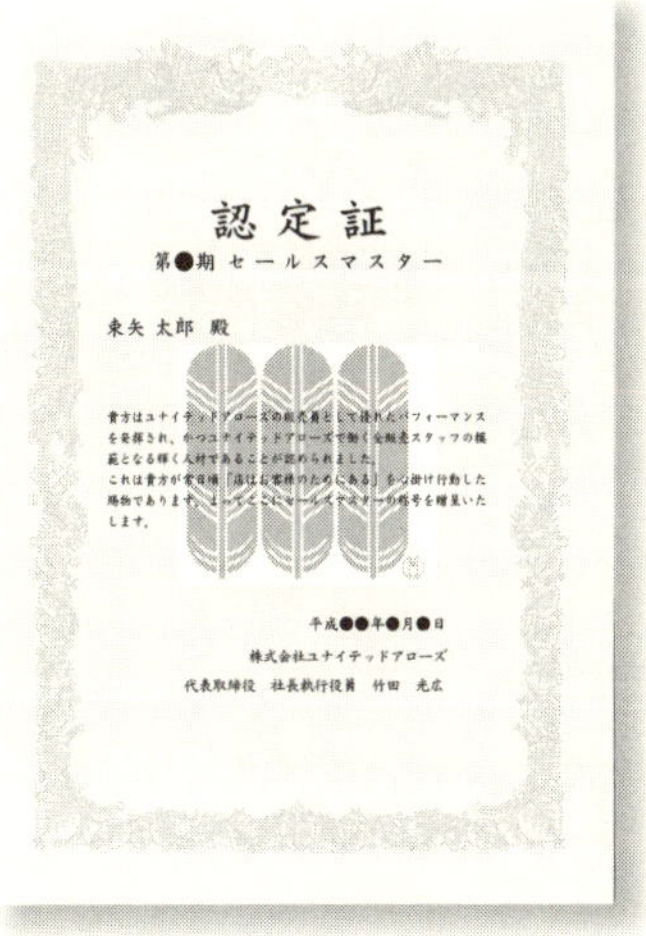

認定証

第●期 セールスマスター

東矢 太郎 殿

貴方はユナイテッドアローズの販売員として優れたパフォーマンスを発揮され、かつユナイテッドアローズで働く全販売スタッフの模範となる輝く人材であることが認められました。
これは貴方が常日頃「店はお客様のためにある」を心掛け行動した賜物であります。よってここにセールスマスターの称号を贈呈いたします。

平成●●年●月●日

株式会社ユナイテッドアローズ

代表取締役 社長執行役員 竹田 光広

セールスマスター認定書

競技時間は7分間です。競技手順はお客様のお迎えからお見送りまでの接客ロールプレイング。審査方法は、審査員が審査基準書に基づいて審査し、結果を事務局にて集計、得点が最も高い方が優勝、2番目の方が準優勝と順位がつきます。

別途、得点にかかわらず審査員特別賞を選出しました。

二「束矢グランプリ」実施の経緯

きっかけは2005年、「第一回ルミネスト」への参加でした。

当時グリーンレーベル リラクシングO店のNさんが初代の最優秀賞に輝きました。私たちが大切にしている理念や社是「店はお客様のためにある」の実践が、対外的に認められた瞬間でした。

「やはり接客はユナイテッドアローズだよね」と周りからも称賛していただきました。しかしそれから数年間、ユナイテッドアローズ社の販売員がルミネストゴールド(入賞者)を獲れなくなってしまったのです。

ユナイテッドアローズ社の接客レベルが落ちたのか。そんなはずはない。じゃあなぜ？

そうです、他社も接客に力を入れ始めたのです。

このままではいけない。接客で他社に負けるわけにはいかないと、店舗で働く有志たちが立ち上がり、２００８年以降の「ルミネストゴールド」奪還に向け、「ルミネストプロジェクト」を結成しました。事業部（ブランド）を越えて接客技術を高め合う勉強会を実施したのです。

その結果はすぐに表れ、２００８年にユナイテッドアローズ社の販売員はルミネストゴールドを受賞しました。

しかし、このプロジェクトで得たものはゴールド以上に大きかったのです。ロープレ大会で勝つために、ユナイテッドアローズ社らしい接客を追求しよう、お客様に感動していただける接客とはなにか、どうしたらお客様に感動していただけるのか。

お互いの想いをぶつけあい、お互いの接客について素直な指摘をしあうことにより、そこから得られた新たな発見や、高めあうきっかけが生まれました。

この確かな価値を全社で共有したいという想いが高まり、お客様満足に向けて全社でひとつになりたい、という声が自然に上がってきたのです。

「ルミネスト」はその名前のとおり、ルミネ主催のロールプレイング大会です。当然のことながら、ルミネに入っている店舗スタッフ以外は出場権がありません。確かにルミネストプロジェクトは社内で大いに盛り上がったのですが、ルミネ店以外の販売員は何をしているのかもわからない状態だったのです。そこで、ユナイテッドアローズ社で働く販売員全員が参加できる場が必要だと考えました。

しかし、実際に開催するまでは大変な道のりでした。そもそも当時は接客ロールプレイング大会に対する見方自体が様々でした。

「ルミネスト」や日本ショッピングセンター協会主催の「接客ＳＣロールプレイングコンテスト」に参加している店舗は、ロールプレイングが接客技術を高めることに有効であると気づいていました。しかし、そうした大会に普段縁のない、路面店しかない事業からはロールプレイングという競技自体に疑問もありました。

疑問があるのもわかるけれど、まずは始めてみようと、人事部が事務局になり各事業の代表者を集めた「東矢グランプリプロジェクト」がスタートしました。すべての事業がもろ手を挙げて賛成という状況ではなく、ロールプレイング大会の運営も初めてだったため手探りの状態でしたが、とにかくプロジェクトに参画してもらい、何とか第一回の開催にこぎつけました。

２０１０年２月24日　第１回「東矢グランプリ」開催

「ロールプレイングと本当の接客は違うよね」という声も多く聞かれているなか、また、各事業部の代表の決め方として、事務局では予選会での選出を推奨していましたが、まずは各事業部にお任せして、予選会を行う事業部、売上上位者を推薦する事業部、部長のご指名等々、出場者の決定方法からしてまちまちでした。

しかし、やってみると思いのほか大会は盛り上がりました。

第1回の優勝者はジュエルチェンジズA店のBさん。

重松会長は、総評で涙ながらに「すばらしい販売員ばかりで幸せだ」とスピーチし、会場は感動に包まれました。

参加した店長たちからも「ロールプレイング大会ってどうかと思っていたけれど、感動的でよかったね！　これからもずっと続けていこうよ」と声をかけてもらいました。

事務局の私たちの気持ちとしては正直どうなることかと内心不安ばかりでしたが、盛り上がってホッとしたという気持ちでした。後日、店長や参加者へアンケートをしたところ、ほぼ全員からねぎらいや応援の熱いメッセージをいただきました。

第2回「東矢グランプリ」

まだまだ翌年も「ロールプレイングと本当の接客は違う」と言う人がいましたが、「いやいやOJTでもロールプレイングをやっていこうよ」、「東矢グランプリで優勝を目指そう！」と言う人が増えてきました。

第1回で優勝を逃したユナイテッドアローズ事業は、「今度は絶対に優勝する」と雪辱に燃えていました。かなりトレーニングも積んでいたようです。その念願が叶って、第2回の優勝者はユナイテッドアローズC店のDさんでした。お子さんを育てながら、店頭で接客をして後輩指導も行うすばらしいスーパーウーマンです。

各店長も東矢グランプリへの期待が高まり、本気度も高まって前年以上に盛り上がってきました。私たち事務局は期待に応えるため、もっといい大会にしようと様々な趣向を凝らし、開催場所も500名が収容できる会場へと広げました。

第2回東矢グランプリのあと、ロールプレイングが接客のトレーニングに有効であることも認知され、同時期に東矢大學でもロールプレイング研修を実施し、店舗での接客ロールプレイングトレーニング方法を紹介したところ人気講座になり、各店でもOJTで接客ロールプレイングをすることが流行りになりました。

第3～5回「東矢グランプリ」

店舗でのロールプレイングによるOJTも積極的になり、事業ごとによる代表者選出のための予選会も大いに盛り上がり、販売員主体で事業部を越えた合同のロールプレイング勉強会などが発生してきました。

そんななか、第3回の優勝はユナイテッドアローズE店のFさんが優勝しました。初の男性優勝者が出たのもこの大会でした。

年を追うごとに接客レベルも格段に向上し、各事業部らしい個性あふれる接客が見られ、ロールプレイングの効果が浸透していきつつあるのを実感しました。

大会の運営方法はある程度の完成形となりましたが、「ロールプレイング大会は今のままでいいのか」という新たな疑問も湧いてきました。新たなる東矢グランプリへ進化する転機を迎えたともいえます。

5年間の「東矢グランプリ」を通じて得られた成果

東矢グランプリの開催の一番の成果は、全社の一体感、事業部内の一体感ができ、お互いに切磋琢磨する本気の風土になったことだったと思います。合同ロールプレイング勉強会によりノウハウが共有され、事業部を跨いだ横への関心、つながりができました。そして何より「人を育てる風土」が浸透し、ロールプレイングに対する前向きな取り組みが店舗で主体的に行われ、OJTに定着しました。

そしてもちろん、ロールプレイング大会参加者の接客スキルが向上したことにより、参加者の個人売上が伸び、東矢グランプリへ参加することが新人のあこがれとなり、販売員の目指すべき明確な目標として、成果が見えやすくなったことが実感できました。

＝ＯＪＴとしてのロールプレイングの質の変化

かつて、販売員を指導する立場にあるベテランたちのなかには、ロールプレイングが嫌いな人が多くいました。ロールプレイングの文化が浸透していなかったので、「ほかのスタッフの前で接客を見せるなんてとんでもない」、「そもそもロールプレイングはリアルな接客とは違う」と、否定的な意見を持つ販売員も多くいたのです。

けれども、今の販売指導者たちはロールプレイング大会で入賞し、楽しい体験、うれしい経験をへた者が多くいるため、ロールプレイングを教育に取り入れるのに積極的です。それに、接客は常にお客様に見られているのだし、そもそも「見られてなんぼ、人に見てもらうものでしょ」という考えも根付いてきました。

そして肯定的なフィードバック、よい点、もっとよくなる点を伝えやすいため、教えられる側が成長できる実感を味わいやすく、モチベーションが上がり、ますます接客が好きになっていきます。

これらのプラス要素が浸透していき、ロールプレイング否定風土が払拭されていきました。

ある事業部で統計をとったところ、ロールプレイング大会の予選会にチャレンジした人の約90％が前年より売上が伸びていました。大会で好成績を上げ、それが自信につながり店舗での売上が上がり、その数字を見て「お客様に喜んでもらえている」ということが実感でき、ますます楽しくなるという好循環を生んでいます。

２０１４年度は、ルミネスト全国大会、日本ショッピングセンター協会主催の「ＳＣ接客ロールプレイングコンテスト」の全国大会ともに、ユナイテッドアローズ社から4名もの決勝進出者を輩出しました。1社から複数名の決勝進出者が出ることは少ないなか、4名ずつ決勝進出者が出るということだけでも全体のレベルの高さがうかがえます。

ルミネスト全国大会では、グリーンレーベル リラクシングK店のHさんが準優勝、日本ショッピングセンター協会主催の「ＳＣ接客ロールプレイングコンテスト」ではグリーンレーベルリラクシングM店のOさんがファッション物販部門の優勝を果たしています。もちろんこういった受賞者は、店舗で顧客様も多く、お客様満足、売上ともにほかの販売員の模範となっています。

〓「東矢グランプリ」もまた進化しなければならない

このように、「東矢グランプリ」はお客様の期待レベルを超えるべく、接客力、「おもてなし」の向上に寄与する一定の効果を得られました。

しかし、ユナイテッドアローズ社の接客をさらに追及するためには、単純に競技としてのロールプレイングではなく、今までの型を破るロールプレイング大会そのものの進化が必要です。「おもてなし」をどう表現していくのか、心づかいをどう表現するのか、ということも追及することが必要です。

接客はひとりでするものではありません。店舗全体でのサポート（チームワーク）をどう表現するかなど、「東矢グランプリ」が新しい挑戦を続けて進化することで、ユナイテッドアローズ社の接客も進化し続けることができるのだと思います。

〓「成果報告会」で好事例を共有し、店全体で「おもてなし」の体制づくり

ユナイテッドアローズ社では、年に1回行う「全店店長会」の際に、「成果報告会」を行っています。成果報告会の趣旨はユナイテッドアローズ社の様々な事業や部署、店舗の1年間の

取り組みで出た成果のプロセスを共有し、よりよい店舗づくりや部署間の連携に生かしていくことを目的にしています。

各事業部で行われた様々な重点事項から、もっとも成果につながり、そのプロセスをみんなで共有したいと思う取り組みをエントリーし、役員による選考で店舗案件3件、本部案件3件の計6件に絞り込み、全店店長会で最終プレゼンテーションを行って、会場にいる全員の投票でその年の「優勝」の案件を決定します。

毎年すばらしい案件が登場しますが、近年私が特に「ユナイテッドアローズ社らしいなぁ」と唸ったのは、2014年のグリーンレーベル リラクシング事業の成果報告グリーンレーベル リラクシング岡山店、大躍進の軌跡という報告でした。

不振店に就任した店長がとことんやったこと

グリーンレーベル リラクシング岡山店は、当時、計画比・前年比ともに売上不振店舗、つまりお客様不満足店舗でした。そんな時に、新たな店長がこのグリーンレーベル リラクシング岡山店に赴任しました。

岡山店の問題点は売上だけではなく、スタッフのお客様への意識が低く、作業に没頭し、店内に誰もいないということもあったそうです。また、社内監査点数も低いものでした。

スタッフからは愚痴、不満、卑屈、自虐があふれており、更に悪いことに店の近隣にアウトレットがオープンして、お客様を奪われてしまうという悪循環に陥っていました。

店長自身、就任後しばらくしても何も改善しない現状に、すべてを投げ出したい、スタッフを入れ替えたい、早く異動したいと思い始めていたそうです。けれども、このように考えること自体が一番の元凶だと確信し、自分は一生岡山でやり遂げる、今のスタッフがベストメンバーだと信じて、まずは自分から意識改革をすることにしました。そして店舗スタッフ全員の意識改革をすることを強く決意しました。

「心からお客様が満足し、スタッフ全員が心から喜び、成長、成功しているお店をつくる。そのためにはどんなリスクも背負う」という覚悟を彼はしたのです。


まず店長は「メンバーととことん話すしかない」と思い、「なぜこの仕事を選んだのか」、「何がやりたいのか」と、ミーティングや休憩時間、帰りの駅、飲みながらなど、ありとあらゆる時間を割いて話をしました。けれども当初、なかなかメンバーの本音は出ず、うわべの言動を見抜けず何度も失敗したそうです。それでも諦めずに聞き取りを続けていくと、些細な言動、態度、表情からメンバーの本音が見えてくるようになったそうです。

関わりの量と、関わっていない時にいかに相手のことを考えているか。その時間の量こそが相手の本音に気づくことにつながるのだと気づいたとのこと。

スタッフが本当はみんな、「人として変わりたい、このままでいたくない」という心の奥底の気持ちがあることがわかり、それにつれて少しずつ本気の目標や夢が自分の言葉で出てくるようになったそうです。

メンバーの本音には、過去の生い立ち、家族構成、過去の経験など様々な要素が絡み合っていることがわかり、店長はヒアリングや面談を通じて聞いたことを「メンバーカルテ」としてまとめて、メンバーひとりひとりの背景を理解するように努めたそうです。そうすることで店長とスタッフの信頼関係は増し、岡山店はチームとしてどんどん団結していきました。

二 まず目標をハッキリさせ、そこに関わり、達成感を味わわせ、基礎を磨く

次に店長が手掛けたのはひとりひとりの目標達成のサポートでした。

メンバーの夢や目標が具体的になったことで、ハッキリとした目標を立てることができ、それに店長が密接に関わることが可能となりました。一緒に日、週、月で目標を立て、それぞれに関わっていくことでともに達成感を喜びました。

初めは小さい目標でしたが、スタッフも達成感や喜びを味わううちに、「やらされ感」から「やりたい」という気持ちに変わっていきました。するとお店の買い上げ客数も2けたの伸び

を示すようになっていき、いつの間にか、全員が目標を持ち、達成に執着するお店になっていきました。

次に店長が取り組んだのは、基本接客力の強化でした。

「あいまいなものを具体的にする」を合い言葉に、接客の具体的な流れ、そこにちりばめられた行動の要素を可視化し、接客のポイントを明らかにしました。そのうえでそのポイントを細かく項目化して分析し、スタッフ別にレーダーチャートにしてそれぞれの強みと弱みを明らかにしました。

そうして個人別に明確化した課題に絞り、日、週、月で課題に対してどう取り組み、成果はどうだったのかを一覧表にして見えるようにしました。

ひとつの行動、課題に集中することによって短期間で課題は改善されていき、またそれぞれの課題が解決したことでスキルアップする喜びを味わい、スタッフはますますやる気になっていきました。そうしていつの間にか個人販売実績は平均で前年比１５０％を超えるまでになりました。

最も変わったと言えるのは、それまで受け身だった接客スタイルが、「お客様はなぜご来店になったのか」、「なぜこの商品を手に取られたのか」と、積極的にお客様の背景を考えるようになったこと、つまり接客に対する姿勢そのものでした。そのほかにも顧客化戦略など、いくつもの取り組みを店長中心にメンバーが団結して達成し、今ではお客様満足優良店舗になったのです。

この接客の基礎レベルの向上は、実は数年前の成果報告会で成果発表のあったユナイテッドアローズ六本木店の取り組みをヒントにして、店長が取り入れたそうです。このように成果報告会は単なる表彰制度ではなく、この発表によって店長が自ら気づき、主体的な取り組みにつなげ、更なる進化を促すことが目的なのです。

明確な目標やノウハウも大切だが……

一方で過去には苦い経験もありました。ある店舗で、店長を中心に接客力向上のための取り組みを実施して成果を上げたことがありました。「これはすばらしい」と、この事例のチェックリストを全社で展開しようとしたことがあります。しかし、この案件はほとんど成果にはつながりませんでした。なぜかと言うと押しつけだったからです。

最初に成果を出した店舗は、自分たちの問題意識から主体的に考え、その課題克服に取り組んだことが成功の要因であり、チェックリストがよかっただけではなかったのです。

課題を達成するためには、明確な目標やノウハウも大切ですが、何よりも取り組む人間の決意とそのプロセスが大事なのです。

ですから、まずは店長が決意し、その熱をメンバーに伝えることが大切です。

また、本部スタッフができるのは、気づくことのできる機会とその場を提供することだけだということがよくわかりました。そこで、社内にあるすばらしい取り組みや成功事例を共有し、店長や、部課長が自ら気づく機会と場をつくったのが先の成果報告会です。実際に、このグリーンレーベル リラクシングの岡山店以外でも、成果報告会の取り組みを参考にして、新たな成果がたくさん生まれています。

≡お店にクレームを入れたことはありますか

私はユナイテッドアローズ社在籍中、ほとんど人事部に所属していたのですが、一時期お客様相談室長を担当していました。お客様相談室には様々なお問い合わせがあります。多くは、雑誌や媒体に載っている商品のお問い合わせ、店舗に関するお問い合わせですが、一般的にクレームと言われるものも受けます。クレームと言うと、一般的には悪いことと思われがちですが、ユナイテッドアローズ社では「お客様からの、ありがたい愛あるメッセージ」としてとらえています。

本来お客様の側からお店に何かを申し出るのはとても労力のいることです。私はクレーム研修をする際に「このなかで、自分がお客様としてクレームを言ったことのある人はいますか」と質問をします。すると手を挙げる人は1割にも満たないことが多いです。

続いてクレームを言ったことがあるという人に、「そのあとどんな気持ちでしたか」と聞くと、「すごく後味が悪かった」と答える人が多いです。私も一度だけある会社の対応にクレームを言ったことがありますが、とても後味が悪く、疲れたのを覚えています。

そうなのです、ほとんどの人は腹が立つ対応をされても、直接クレームは言いません。どうするかというと、飲み会などの席で、

「この前○○に行ったんだけど、あそこの店員の対応最悪だから絶対行かないほうがいいぜ」

などと話すのです。その話を聞いた人は、それをまた面白おかしくどこかで話します。そうして悪い評判は広がっていくのです。

それだけではありません。最近はブログやSNSに書き込まれるケースもあり、炎上したというニュースも目にします。

つまり直接クレームをいただくということは、私たちに気づくチャンスをいただける、ありがたいお話なのです。

「クレーム対応は買ってでもしろ」

クレームをいただくお客様の多くはユナイテッドアローズ社が好きで、なんらかの期待をしています。だから改善してほしくてお申し出をしてくださる。それは「愛あるメッセージ」です。

創業役員で長いあいだクレーム対応を担当していた水野谷常務は、「クレーム対応は買ってでもしろ」と言うのが口癖でした。それほどクレームはありがたい、価値あるものなのです。もちろんクレームはないに越したことはありません。しかし、お客様を不快にしてそれに気づく機会がないことは、なおよくないことです。

研修の章でも書きましたが、ユナイテッドアローズ社ではクレーム撲滅を経営の重点取り組み課題に掲げていた時期がありました。そのために研修以外でもいろいろな取り組みをしています。

お客様相談室でも、お客様からいただいたクレームを共有しています。それが『クレームノート』というものです。イントラネットでお客様からのクレームの個人情報を除く部分を共有し、ほかの店で同じような間違いを起こさないための取り組みです。各店舗の朝礼などで共有したりしています。

また、お客様相談室にいただいた様々なお問い合わせやクレームも、データ分析し商品開発や接客力の向上に役立てています。そのなかで接客クレーム数の上位を分析し、その内容を再現ＤＶＤにして研修やＯＪＴで活用しています。現在の『ＵＡ事件簿』と言われるこのＤＶＤは２代目で、初代は10年以上前、ビデオの時代に作成されました。そのリニューアル版を２年前に作成しています。

実際にあった、よく起こってしまうクレーム事例を、実際の店舗でプロの役者を使い忠実にリアリティある映像に仕上げています。

たとえば、「販売員の私語はたとえ仕事の話をしていても、お客様には誤解を与えてしまう」というもの。あるいは「お客様差別ととられてしまうような、顧客様と初めてのお客様との異なった対応」。そのほか付帯業務に夢中になって、お客様に気づかず無視してしまったり、多重接客でお客様をフィッティングルームに置いてきぼりにしてしまうケースなどなどです。

このように「お客様からの愛あるメッセージ」であるクレームを有効活用し、お客様の期待を裏切らないよう改善に努めています。

〓カシミヤ事件で学んだこと　お客様相談室での出来事

私がお客様相談室長をしていた２００７年は、ユナイテッドアローズ社の歴史のなかでも最大と言える危機が起きました。それがカシミヤの混率の誤表記問題です。

この事件は私のお客様に対する考え方の甘さを思い知る、本当の「お客様のためとはどういうことなのか」を初めて理解した出来事でした。


ジュエルチェンジズで海外から仕入れたカシミヤのストールの組成表示が、申告と違うことが社内の調査で発覚しました。

ユナイテッドアローズ社はただちに経済産業省へ申告して、商品の自主回収を行いました。しかし公正取引委員会はその後の２００７年12月26日に、そのストールについて景品表示法第４条第１項第１号（優良誤認）違反にあたるとして、排除命令を出しました。

私は排除命令が出ることを、お客様からの電話で知ることとなりました。12月26日の夕方、いっせいに相談室の電話が鳴り始めました。

「テレビで見たぞ、ユナイテッドアローズがこんな会社だと思わなかった」

「私の商品は大丈夫なんでしょうね、不安だから返品したい」

「お前の会社は偽装していたのか？」

「信用していたのにガッカリした」

などと、ひっきりなしに電話は鳴り続けました。

無我夢中で対応に追われ、その日の営業時間が終わったあとで、ユナイテッドアローズ社の誤表記のニュースがテレビでいっせいに流れていることを知りました。このころは某老舗料亭や一流ホテルでの食品偽装が世の中を騒がせていた時期でもあり、その日以降も大きな反響が続くことは容易に予想できました。

その夜、全役員と関係者が集まり会議が開かれました。仕入れの課程の様々な要因で十分な検査はできていなかったことなどがわかりました。

しかしすべてはお客様にお渡しする責任を負うべきユナイテッドアローズ社の確認不足が招いたものです。

新聞各紙に謝罪広告と、すでに出している回収のご案内を再度大々的に出し、いち早くお客様にお詫びとご返金をすることを改めて確認し、検品体制の強化と再発の防止策等々が深夜まで話し合われました。

会議の最後に私は、「もし、今回のカシミヤストールの件と直接関係ないお客様から返品のお申し出があった場合はどうしましょうか」と相談しました。

というのもこの時期は、前述のように食品偽装事件が世間を賑わせていたタイミングでした。テレビでも「ついにファッション業界でも偽装か」などと、ニュースやワイドショーで扱われていたのです。

「どんなお客様にも誠心誠意対応しなさい」

すると当時の岩城社長、重松会長とも、即座に「お客様にご迷惑をおかけし、悪いのは私たちです。どんな理由であれお客様の信頼を裏切ったのだ、どんなお客様にも誠心誠意ご対応しなさい」と、いつになく厳しい口調の答えが返ってきました。

カシミヤストールの件と直接関係ないお客様からの返品を受けるというのは、見方によっては「やり過ぎだ」と感じるかもしれません。しかし、あえてその決断を瞬時に行った社長と会長の、お客様への真摯な姿勢はまったくブレていませんでした。

それでも、お客様相談室長だった私は、実際に販売した以上の返品が来ることもあるのではないか……、「悪意を持った人が押し掛けるのでは」と心配していました。クレーマーが社会問題になっていた時期でもあり、「そうなんでも受けるわけにはいかない」、「明日からどんなお申し出があるのか」と考えたりして、眠れない夜をすごすことになりました。

翌朝、ユナイテッドアローズ社の案件は、案の定ニュースやワイドショーで食品偽装に並んで「偽装事件か」として大々的に扱われました。

始業直後からお客様相談室の電話が鳴り続けました。「ユナイテッドアローズを信用していたのに」というお客様の悲痛な叫びに胸を痛める電話ばかりでした。

そんななかで、ある女性のお客様からお電話がありました。

おとなしく上品ではあるが厳しい口調で、

「私はユナイテッドアローズのファンで10年来買い物をしているが、今回は裏切られた気持ちでいっぱいです。もうユナイテッドアローズの洋服を手元に置いておきたくない」

とのお申し出がありました。丁寧にお詫びをし、配送用の段ボールとガムテープをお送りしました。

数日後、段ボール4箱分の商品が送られてきました。開けてみるとビックリしました。10年くらい前からのユナイテッドアローズの洋服がきっちり畳まれてきれいな状態で入っていました。1着1着、とても大切にしていただいていたことがひと目でわかりました。

品物と一緒に一通の手紙も入っていました。

=商品だけでなく、思い出まで台無しにしてしまったと……

「昔から御社のものが大好きで、思い出深い服ばかりで手放したくはありませんでした。今回のことは残念でなりませんが、信頼していたからこそ、御社の商品はすべてお送りすることにしました。～中略～　ご理解のほどよろしくお願いいたします」

商品を見ると、お子様の卒園式や入学式で着たであろうスーツや、夏休みの家族旅行などで着たであろうワンピースなど、思い出深い商品がきれいな状態で収められていました。

これほど大切に扱われた洋服たちを、返品するために段ボールに詰めたお客様のことを想像すると、本当に私たちはとんでもないことをしてしまったと改めて気づかされました。

私はすぐに手紙を書き、私たちの不手際で商品を手放すご不便をおかけしただけでなく、お客様の思い出まで台無しにしてしまったことをお詫びしました。

すると後日、再びお手紙をいただきました。

「先日、富島様のお手紙を家族で拝見しました。

正直、すべてを手放すことがけじめだとは思いながらも、やはり思い出深く大好きな商品ばかりで、とてもつらいことになってしまったと思いました。

でもその代わり、今後また店舗に出向く機会をつくり、いつかまた気持ちがすっきりした時に、改めて購入を検討できればと思いました。富島様のお手紙を読んでそう思えました」

この出来事をつうじて、私たちにとっては何百着、何千着、何万着のうちのたった一着、一アイテムかもしれませんが、お客様にとっては人生の晴れの舞台を彩る一着、そして人生の思い出に残るアイテムなのだ、私たちの仕事はそのようにとても尊い、そして責任のある仕事なのだと、改めて感じることができました。

そして私たちは、お客様の期待を裏切ることのないよう全員で「店はお客様のためにある」を実践しなければならないと深く思い返す出来事でもありました。

またこの仕事は、ただ洋服を売っているのではなく、お客様の生活、そして人生そのものに関わり、寄り添っていく仕事だと改めて私自身思い返すことができたのです。

店舗モニター調査はお客様のリアルな声なのか

ユナイテッドアローズ社では店舗モニター調査をしています。調査会社に依頼して、ユナイテッドアローズ社の232店(2014年3月現在)全店舗へ一般の方にお客様として実際に買い物に行っていただき、一連の接客行動や店舗環境を調査してもらうものです。

この調査はもう10年以上続けており、店舗のOJTや研修に活かされています。

この調査では、ただ店舗の接客ができているかどうかを調べるだけではなく、データ分析して相関をとったりもしています。たとえば、お客様の推奨意向、つまり「他の人にこの店はいいよと薦めたいかどうか」という質問を行い、それが販売員の接客行動のなにと相関があるのかを調べました。すると相関が高い項目の上位6位までが入店時の挨拶からアプローチまでにあることがわかりました。

つまりお客様は商品の説明や、購入する際のやり取りよりも、自分に向けて笑顔で歓迎の挨拶があり、積極的にお声掛けがあると、「この店はとてもいい店だ」、「友達にも薦めたい」と思う、ということになります。

挨拶は大事だとわかっていても、ここまでとは。この数値は私にとって最もビックリした結果でした。

このほかにも「調査でなければ帰っていましたか」という質問にYESと答えた人のうち、40％は「お声掛けとアプローチの段階で帰った」と答えており、笑顔で元気、そして感じのいい挨拶がいかに大切であるかということが、改めて浮き彫りになっています。


実際のコメントをいくつかご紹介しましょう。

「お店に入るとすぐに、入り口付近にいた男性のスタッフさんが、振り向いて、優しい笑顔で挨拶してくださいました。大きな声で、優しい笑顔だったので、とても気持ちのよいものでした。お客様のことを意識しながら接客しているのだな、と感じました」

「商品を探しているとき、スタッフさんは圧迫感のない距離で近くにいてくれましたので、タイミングを見計らい、必要に応じて自然に近づいてくるのだろうと思いました。

客の気持ちはわかりづらいと思いますが、それができていると感心しました。またこちらから声をかけた際も〝なんでもご要望に応じます〟という姿勢がよく伝わってきました。質問についてもとても詳細に調べてくださいました」

など感動事例もあれば、

「洋服を見て回っていると、いたるところで〝いらっしゃいませ〟という声は聞こえてくるのですが、すべて私に言われているとは感じませんでした。皆さん、口だけ定期的に動かしている感じで、特定のお客に向けて言っていませんでした。スピーカーで定期的に流れているかのような、事務的なものを感じました。そのため、積極的な挨拶は聞こえるのですが、歓迎されている気はしませんでした」

など、同じようにご挨拶をしても結果は大きく違って、耳の痛いお客様不満足のコメントもあります。

もちろん一般の人から選んでいるとはいえ、回答しているのは調査員です。またたまたまひとりのお客様への接客でその店舗すべてを評価したことにはならないのでは、という意見もあります。しかし販売員にとってはたくさんの接客のなかのたった一回かもしれませんが、お客様にはそれがすべてなのです。一回でも不快な思いをさせてしまったら、もう二度とご来店はないと思います。ですから、たとえ調査だとしてもそれは普段直接聞くことのできない貴重なお客様のご意見なのです。

また、定期的に調査をすることで、店長が今の店舗の状況を客観的に知ることもできます。店長自身は日々のスタッフの様子を見ていれば、「最近ちょっとお客様にご満足いただける行動になっていないのでは」、と敏感に感じるでしょう。しかしそれを客観的なデータで見ることができれば、別の角度から対策を打てるし、それをスタッフにも説明しやすいのです。


店舗モニター調査は、時にはお客様の声と同じくらいリアルな事実を浮き彫りにします。人間の健康診断と同じように、定期的に今の店舗の健康状態を確認するツールであり、OJTをはじめ、様々な気づきや育成の場で活かされています。

二 販売員の声を吸い上げているからユナイテッドアローズ社の商品は魅力的

ユナイテッドアローズ社の商品の強みは、基本商品政策と商販宣連携を軸に、独自の仮説・検証・修正を繰り返す「UA型商販宣連携の技術体系」の確立にあります。これはユナイテッドアローズ社最大の財産と言えるでしょう。「商販宣」とは、商品をつくる商品部、お客様に届ける販売(店舗)、そしてプロモートする宣伝部が連携している、ということです。

そんなことあたりまえと思われるかもしれませんが、これがなかなか難しいのです。

大まかな商品企画の流れは次の通りです。

まずマーケティングに基づきMD戦略を立てます。それに基づく商品調達、商品企画、そしてそれを販売する販売計画を立て、それらと連動した宣伝販売促進活動をします。さらに連動して店舗のVMDが行われ、販売活動を行います。

その結果を店頭で検証し、商品部にフィードバックして次の商品づくりに反映します。この商品系バリューチェーンを商販宣連動で行うことで、最適な「商品特性別MDバランス」を保ちます。

しかしこれは最適だとわかっていても、なかなかスムーズに機能していないものです。たとえば宣伝のチームが雑誌でプロモーションをかけて話題になっても、商品の納期が遅くて店頭に商品がない、または商品在庫の奥行きが浅く、すぐに売り切れで追加ができない。

商品部が戦略的に商品を積んで売っていくつもりでも、それが宣伝部門に伝わっていなくて、雑誌には違う商品が掲載されている、あるいは店頭のVMDに反映していない、そもそも店にその戦略や商品の魅力が伝わっていないなど、チグハグになっていることはよく見受けられます。

正直、ユナイテッドアローズ社でもそのようなことは見受けられました。

しかし、商品セクション、宣伝セクション、販売セクション（店舗）が頻繁にコミュニケーションをとり連動することで商販宣の連動が密になりました。商品部がお客様の情報をもとにユナイテッドアローズ社らしい想いのこもったよい商品をつくり、宣伝がそのよさをより多くのお客様に知っていただき、販売員がさらに個々のお客様に合わせて、ディテールや着こなしなどを提案し商品の魅力を想いをもって伝えていく。この想いの伝播こそが商販宣の連携です。

＝「洋服オタク」のアンテナがMD的な役割を果たす

ここでも大きな役割を担うのが販売員です。店頭でのVMDや販売技術はもちろんですが、ユナイテッドアローズ社の販売員のすばらしいところは、お客様と商品に対する関心、そして知識をもとにした、情報収集力です。お客様や商品について知りたいという意識が高いため、常にアンテナが立っている状態になっています。ですから見るもの聞くものすべてから商品に対する情報が集積されていくのです。

今、店頭にある商品のなかでどれがお客様の関心を集めているか、というのはあたりまえですし、それはPOSレジのデータを見れば本部でも分析は可能です。それはSPAと呼ばれ（Specialty store retailer of private label Apparel＝商品の企画から製造、小売りまで一貫して行うビジネスモデル）、アパレル企業がよくやっている手法です。

それだけではなく、「今店頭にはないが、お客様が潜在的にほしがっているモノはなにか」をヒアリングで聞き出したり、他社の店舗を回って情報収集したりと、言ってみればあたりまえのことをしているのですが、その情報から正しいものを判断する、いわゆる裏付けされた商品に関する知識を持っている人が多いのです。

まぁ言い方は悪いのですが洋服オタク、いや洋服好きというやつです。

好きこそものの上手なれという言葉がありますが、好きなことにはアンテナが立ち、いろいろな情報が入ってきますし、情報を持った洋服好きの人も寄ってきます。そうしてさらなる好循環が生まれるのです。
各アパレル企業とも企画やＭＤの方はこのような知識もあり、情報収集をされていると思います。しかしユナイテッドアローズ社では店頭の販売員ひとりひとりがその役目を果たしてくれるのです。当然情報量は多くなりますし、その情報の精度が高ければ、ＭＤ精度も高くなります。
そしていわゆる五適と言われる、
お客様が、
適時：ほしい時に、

適品：ほしいものが、
適価：ほしいと思う価格で、
適量：ほしい量だけを、
適所：ほしい場所で、
　購入できるのです。

商販宣連携によるMD検証を踏まえること、それは「お客様の出した答えに忠実に。答えは常に店頭にある」の言葉がユナイテッドアローズ社のモノづくりの重要な要素として、店頭MD検証力を磨き上げているのです。これが可能となるのもユナイテッドアローズ社の販売員の意識の高さと、知識、スキルの高さからだと言えるでしょう。

起点となるのはお客様に一番近い販売員です

「明確な理念」を持つことで、目指すべき姿を指し示し、それを共有することで社員全員のベクトルを合わせることができます。それに伴い、中期、単年度の戦略を実現するために、人事制度をはじめとした諸制度、そしてそれを支える人材育成制度、これらすべてが連動することでよい組織風土となり、それが社員ひとりひとりの顧客満足に向けた行動へとつながっていく。これを続けていくことが、顧客満足につながり、理念の実現となることを信じています。お客様を中心に据えた、すべてうまくいく連動が大事なのです。

けれども、そのための起点となるのは、やはりお客様に一番近い販売員なのです。販売員がモチベーションを高く保ち、イキイキと働いて、お客様との接点をより密にすることでしか、このサイクルはうまく回りません。そしてそのことこそが、お客様満足、そして理念の実現につながるただひとつの道です。

日本のモノ、そして「おもてなし」のすばらしさは、世界に誇れるものだと思っています。お客様の一番近くで日々、「おもてなし道」を追求している販売員を見てきた私にとって、販売員たちにもっとスポットライトが当たり、このすばらしい仕事が広く認知され、若い人にファッション販売員を目指したいと思ってもらえるような社会にするということが、私の夢であり、生涯をかけてのミッションだと思っています。

あとがき

私は1986年に新卒でファッションのアパレル企業である株式会社ワールドに入社し、営業、企画生産、人事の仕事を経験、15年在籍したのち、2001年、21世紀に入った年に株式会社ユナイテッドアローズに入社しました。ファッション業界は大きな変革期を迎え、大手アパレル企業も小売にシフトし始めたころです。

当時ユナイテッドアローズ社はまだ社員、アルバイトを合わせて500名足らずの会社でした。入社した理由はユナイテッドアローズの理念のすばらしさと、それを本気で実現しようとしている姿に心を打たれたからです。

最初は人財開発課長として入社し、採用と販売員教育の体系化を行いました。その後、人事総務課長、お客様相談室長、人事副部長をさせていただき、様々なミッションをいただきました。本当によい経験をさせていただいたと思っています。

そのなかでもお客様相談室長をさせていただいたときの体験が忘れられないものになりました。販売員の仕事に対する努力を目の当たりにすることができ、改めて販売の仕事のすばらしさに気づくことができたのです。

私がこの本を出そうと思った理由は、ユナイテッドアローズ社では長いあいだ「販売員の地位向上」を目指しているのですが、まだまだ販売員の地位が十分でないと感じることが多かったためです。

長年、新卒の最終面接をしてきましたが、売り手市場になると、とたんに販売員を敬遠する人が増えてきます。近年は就職も親に相談して決める人が増えており、相談を受けた親たちの世代には、販売員の仕事に対して、若い時しかできず、労働時間も長くて、賃金も安く、大変な仕事というイメージが根強く残っているため、反対されるケースも多いようです。

しかし、現在はそんなことはありません。人気のあるアミューズメントパークやホテル、キャビンアテンダントなどと比べても、決して労働条件は悪いとは思えません。

なによりファッションの販売員とお客様の関係は、たった一回の出会いではありません。お客様と長いあいだお付き合いし、ハレの場のお手伝いをし続けられる仕事はなかなかないと思うのです。しかも、お客様から「ありがとう」と直接言っていただけて、お客様の反応を日々感じることができる。楽しく、やりがいのあるすばらしい仕事です。

ではなぜ、販売員のイメージが上がらないのかと考えた時、もちろん、更なる労働条件の改善や賃金を上げる業界の努力は大前提ですが、それにも増して、ファッション業界全体としてのアピールがもっと必要ではないかと考えたのです。

意識しているかどうかは別として、人気のあるサービス業の職種はその魅力を本やテレビなどをつうじて繰り返しアピールしています。本屋さんに行くと、アミューズメントパークのサービスの本やホテルのサービスについて書かれた本がたくさん並んでいます。

それに対して、ファッション販売員のサービスに関する著書はあまり見当たりません。販売や営業のノウハウを伝える本は見かけることがありますが、私は純粋にファッション販売員のサービスのすばらしさを伝えたいのです。そうしてそういう販売員を後押しする仕組みを伝え、多くの販売員が、イキイキとお客様に向える環境づくりを知ってもらいたいのです。


2014年7月に、私は今までお世話になったファッション業界への恩返しとして、販売員の教育や理念の構築、その実現のための人事制度、教育制度のサポート会社を立ち上げるため、ユナイテッドアローズ社を退職することを決意しました。ユナイテッドアローズ社は大好きな会社で、ずっといたいという気持ちもあったのですが、自分の使命を知ったため独立を決意したのです。

退職にあたり、藤澤専務、東常務に「ユナイテッドアローズ社を題材にした販売員の本を出版し、販売員の地位向上に寄与したい」と相談したところ、ふたりとも快く賛成して、後押ししてくださいました。重松名誉会長、竹田社長、小泉専務も快く承諾して、応援を約束してくださいました。辞めていく私に対してとても寛大で温かいお言葉をいただき、改めてユナイテッドアローズ社という会社のウツワの大きさに感動しました。

その後、講談社ビーシーの宇井局長に相談し、この本の出版を実現することができました。本を書いたことのない私が、ゼロから本を書くことは想像以上に時間がかかりましたが、楽しい作業でもありました。この本をきっかけに、私に続いて販売員の仕事の魅力について伝えたい、販売員の本を書いてみようという筆者が増え、販売の仕事の魅力が多くの人に認知されることを期待しています。

ご協力いただいた、講談社ビーシーの宇井局長、寺崎編集長、講談社の皆様、取材に協力していただいた、竹田社長をはじめ、ユナイテッドアローズ社の皆様、そして私を支え、協力してくれた愛する妻、佳子と家族に感謝いたします。

この本を読むことで、ひとりでも多くの方にファッション販売員の魅力が伝わり、ファッション販売員を目指す方が増え、お客様のために頑張っている販売員の皆様の励みになればと思います。

また、多くの経営者が販売員の重要性に気づいてさらなる環境整備のために行動を起こしてくれることを切に願います。

最後に、私にこの仕事のすばらしさを教えてくださり、毎日お客様のために明るく笑顔で元気にお店に立ち、お客様満足を追求し続け、日本一お客様に喜んでいただいているユナイテッドアローズ社のすべての販売員の皆様に心からの感謝と敬意を表します。
「店はお客様のためにある」

更なる「販売員の地位向上」を目指して

2015年9月吉日　富島　公彦

ユナイテッドアローズ
日《に》本《ほん》一《いち》お客《きゃく》様《さま》に喜《よろこ》ばれる
販《はん》売《ばい》員《いん》の話《はなし》

2015年9月10日　第1刷発行

著者：富島公彦《とみしまきみひこ》

発行者：川端下誠／峰岸延也

編集発行：株式会社 講談社ビーシー
〒112-0013 東京都文京区音羽1-2-2
TEL03-3943-6559（書籍編集部）

発売・発行：株式会社 講談社
〒112-8001 東京都文京区音羽2-12-21
TEL03-5395-4415（販売）
TEL03-5395-3615（業務）

印刷所：豊国印刷株式会社

製本所：株式会社 国宝社

ISBN978-4-06-219247-7